# LE CODE
## DES TYRANNICIDES,

*Adressé à tous les peuples opprimés.*

.....*Tu dors Brutus, et Rome est dans les fers!
Non, tu n'es pas Brutus*........
VOLTAIRE.

A LYON,

Chez LEFRANC, Imprimeur-Libraire,
rue Neuve de la Vérité, à l'enseigne
du *Puit qui parle*.

Et se trouve par-tout chez les Marchands
de nouveautés.

AN VIII. (1800.)

## APPROBATION DE CE CODE.

*Si je suis un perfide, soyez tous des Brutus : et vous, mes camarades, qui m'accompagnez ; vous braves grenadiers que je vois autour de cette enceinte, que ces bayonnettes avec lesquelles nous avons triomphé ensemble se tournent aussitôt contre mon cœur.*

Discours du général Bonaparte, au conseil des anciens, le 19 brumaire an 8. Extrait du procès-verbal imprimé de cette séance.

## AVIS DES ÉDITEURS.

L'HORREUR profonde qu'inspirent à des ames fieres et libres, les maux affreux de *la tyrannie*; la crainte, peut-être, hélas! trop bien fondée, de voir encore bientôt ce monstre à *double tête*, étendre, *sur toute l'Europe*, son sceptre épouvantable, sont les seuls motifs qui nous engagent à *publier ce Code*: triste mais dernière ressource des peuples opprimés!

Sa partie *capitale* n'est qu'une nouvelle édition de l'écrit aussi curieux et hardi, qu'il était devenu rare, de l'un des plus fameux républicains Anglais du dernier siècle. Nous lui avons donné le titre de *Brutus Anglais*: l'autre partie, sous le titre de *Brutus Français*, que nous n'avons ajoutée, que pour les faire mieux contraster ensemble, est le simple recueil de quelques passages qui, à la première lecture, nous avaient le plus frappé dans un ouvrage qui circule publiquement en France, et qu'il nous a paru d'autant plus intéressant d'en détacher, que le titre vague de cette espèce d'*Encyclopédie politique*, n'est rien moins que propre à y faire chercher une foule de vérités fortes, de critiques austères, qu'on est tout étonné de rencontrer encore sous la plume d'un écrivain ; tant est profond l'état d'avilissement et de nullité politique, où l'on est retombé! à la fin du dix-huitième siècle ! ! !

Il ne nous appartient pas de décider jusqu'à quel point sont fondés les principes et les maximes diverses enseignés dans ces ouvrages, dont les auteurs sont connus ; jusqu'à quel point l'application qu'on peut en faire, serait juste, ou deviendrait utile à la chose publique, dans telle ou telle circonstance..... Tout ce que nous pouvons assurer, c'est que du moins personne ne pourra disputer au *Brutus Anglais*, le mérite d'avoir été le premier qui ait osé réduire en corps de *doctrine pratique*, et prêcher en face du tyran de sa patrie, ce que les plus grands hommes, dont les divers siècles s'honorent, avaient écrit de plus fort et de mieux raisonné, sur cette matière délicate ; et ne serait-ce pas avoir déjà bien mérité de l'humanité, que d'avoir seulement contribué à paralyser quelques fois la fougue barbare d'*un Cromwell*, en faisant briller à son imagination, sans cesse agitée par la terreur et les remords, le glaive menaçant de la justice populaire, toujours prêt à le frapper.

# LE BRUTUS FRANÇAIS,

*Ou Recueil de quelques passages tirés d'un ouvrage nouvellement publié, sous le titre de Code du Bonheur social, ou Mystères de la Politique dévoilés; 3 vol. in-8°. à Paris, avec nom d'auteur et d'imprimeur.*

## N°. I<sup>er</sup>.

Tome I. Pag. 170. 172. 177. 178. 179.

Français! voilà quels furent vos rois. Des hommes souillés de tous les crimes, fourbes, perfides, féroces, assassins, livrés aux plus honteuses débauches, fanatiques et cruels en même temps, se plaisant à vous égorger au nom de leur religion, quand ils ne vous livraient pas à la boucherie dans des guerres suscitées par leur orgueil et leur ambition. La race de vos Capets eut pour chef un usurpateur; ce fut par un crime, par le poison, qu'il acquit la couronne à ses descendans. Ses dignes successeurs n'ont cessé de fouler le peuple, de verser à grands flots le sang français, d'exercer la plus exécrable tyrannie, de commettre les plus horribles forfaits....... Homme stupide......

Le trône de tes maîtres, ce trône dégoûtant de sang, tout souillé de crimes, nous l'avons abattu pour renverser cet ordre affreux.......
Tel est le triste sort des peuples : ils ne succombent sous le despotisme, qu'en versant leur sang, et ce n'est qu'au prix de ce même sang et des plus grands sacrifices, qu'ils rachetent leur liberté. Malheur à ceux qui veulent rendre vains leurs généreux efforts ! ils forcent les amis de la liberté à ne marcher que par sauts et par bonds ; et à déployer des mesures terribles, souvent inconsidérées, dans la crainte de s'écarter de leur route. Où sont donc les coupables, sinon parmi ceux qui obligent à ces mesures....

Vous tous qui adorez le dieu suprême selon votre conscience et vos lumières....... Protestans, juifs, déistes; la cause de la république est aussi la vôtre. Malheur à vous, si jamais vous la laissez détruire par les valets des rois. L'autel et le trône se prêteraient un mutuel appui ; ils se releveraient sur vos cadavres entassés, comme sur ceux des autres républicains ; pour vous tous, sur toute la surface de la France, seraient redressés les gibets, les buchers et les roues....................

Portez vos regards sur les scènes affreuses qui ensanglantent l'Italie..... ni le sexe, ni les talens, ni les vertus même, ne les mettent à l'abri de la rage des tyrans. Ces tigres ne peuvent se rassasier de leur sang; plus ils en égorgent, et plus ils veulent en égorger encore; le nombre des bourreaux ne suffit pas à celui des victimes. N'avaient-ils pas cependant, dans leurs proclamations, promis une amnistie! Quelle amnistie, grands dieux! est donc celle des grands; et comme les peuples doivent se fier à leur parole!

Mais ces malheureux Italiens ont-ils commis d'autre crime que celui d'avoir accepté la liberté, que leur ont donnée nos armées...... Que serait-ce donc de nous, si jamais nous retombions sous leur puissance ; nous, qui avons tout fait, nous coupables, à leurs yeux, d'être les auteurs de ce qu'ils appellent le premier et le plus grand des forfaits......

## N°. I I.

Tome I. Pag. 81-82.

Tout ce que nous venons de dire du gouvernement d'un seul, sous le titre de roi, doit également s'appliquer au gouvernement impérial, au protectorat, au stathoudérat, à la dictature, au consulat même ....... On ne peut s'empêcher de sourire de pitié, en voyant le peuple anglais vouer la royauté à l'exécration, faire monter Charles premier à l'échafaud, et cependant courber paisiblement la tête sous le despotisme de Cromwell. L'aveugle vulgaire détestait le nom de roi, et Cromwell se faisait appeller protecteur, tant il est vrai que la magie des mots en impose à la multitude!

N°. III.

*Tome III. Pag.* 3-6-7-29.

Sans esprit public, point de liberté; la république devient la proie des factieux, des usurpateurs, des conquérans et d'un maître. Lui seul soutient et rend illustres les pays libres, en apprenant aux hommes qu'ils ont une patrie; en les remplissant d'enthousiasme pour elle,...... Mais il ne faut pas avilir les hommes........ violer leurs droits, les opprimer, mettre l'iniquité à la place de la justice, les réduire à la misère; enfin les traiter en esclaves. Vainement vivraient-ils sous une république, si on les gouverne avec la verge du despotisme....

On n'échappe pas à l'opinion, lorsqu'elle est éclairée, quand elle est surveillante, et l'énergie que donne au peuple la jouissance de ses droits, le désir de les conserver, mettent presque toujours un terme fatal aux entreprises de l'ambition. L'esprit public contient les traîtres, les fripons, les dilapidateurs des deniers de l'état, et réussit encore mieux que la crainte des échafauds auxquels on se soustrait par la corruption. Les chefs d'un gouvernement ne cherchent jamais à l'étouffer qu'ils n'aient conçu des desseins pervers; ou ils veulent impunément s'enrichir de pillage, ou ils visent à établir leur tyrannie, ou à renverser la forme du gouvernement.

Que sont-ils devenus ces beaux jours de la révolution. . . . . . . . Hélas! ils ont disparu comme l'ombre . . . . ! Reviendront-ils jamais ! le fouet des furies, en passant dans les différentes mains des dominateurs qui se sont succédé tour à tour, a plongé la nation dans un dégoût, dans un abattement profond. Espoir du bonheur, tu as fui de tous les cœurs ! liberté ! Tes défenseurs dispersés, errans, proscrits, te cherchent vainement ; ils poussent vers toi d'inutiles soupirs !

## N°. IV.

*Tome 3. Page 166.*

A force de paresse et d'argent, dit Rousseau, les citoyens ont enfin des soldats pour trahir la patrie et des représentans pour la vendre. Grande et terrible vérité . . . . . Il avait déjà dit que le peuple n'est pas représenté quand ses représentans ne sont pas soumis à la responsabilité.....

Un gouvernement, quelle qu'en soit la forme, où les gouvernans peuvent impunément dépouiller les gouvernés, porter atteinte à leur liberté, et se mettre au-dessus des lois, sans que ceux-ci aient contre eux un recours prompt et assuré, est un gouvernement détestable, essentiellement vicieux. Quelque nom qu'on lui donne, monarchie ou république, je n'y vois, moi, qu'un gouvernement tyrannique.

## N°. V.

*Tome 3. Page 108.*

...... On aurait donc tort de conclure que la constitution de l'an 8, vaille mieux que celle de l'an 3 ; celle-ci contient de grands vices, mais l'autre en renferme de plus grands encore. De ce que le salut de la république obligeait le sénat de Rome à recourir à des dictateurs, ce serait être mauvais logicien que de soutenir que Rome devait vivre sous la dictature.

## N°. VI.

*Tome 3. Pag. 126 jusqu'à 134.*

Sous le gouvernement actuel ........ On a adopté un mode ...... qui ne sert en dernière analyse qu'à dépouiller le peuple de sa souveraineté, pour en faire le droit d'un corps; droit qui tôt ou tard peut devenir celui d'une faction ..... Le sénat dès-lors ne choisira ..... pour remplir les places de législateurs, de tribuns, de membres du tribunal de cassation et de consuls, que des gens ou dévoués à son parti ; ou faciles à tromper. Tout le reste de la nation gémira donc sous l'oppression d'une faction d'autant plus redoutable, qu'elle sera composée de toutes les autorités, et qu'il n'y aura aucune puissance dans l'état pour la contre-balancer............

Si donc la majorité du sénat conservateur est composée d'ennemis de la république, il est évident qu'à la longue ... la renversera ; après avoir fait mener les r(...)s avec une verge de fer. Si les dilapidate(urs) l'influencent, toutes les autorités en seront remplies ; le brigandage et la ruine publique seront à leur comble.

S'il est dominé par des gens improbes, lâches ou faibles, il n'opposera jamais de résistance aux volontés les plus arbitraires du consul. Mais je suppose qu'il ne s'y formera aucune faction qui le domine, une poignée d'individus dont ce sénat est composé, étant dans l'impossibilité d'avoir assez de relation avec les citoyens de tous les départemens pour les connaître, s'en rapporteront dans leur choix au dire de leurs amis, des donneurs de dîners qui auront des parens à placer. Ce ne sera donc pas sur le mérite que portera ce choix. — Cette institution manque donc son but. Elle prive le peuple du droit d'élire ses représentans, ses juges, ses magistrats, sans remédier à l'inconvénient des mauvais choix....
..... Il arrivera très-fréquemment que la plus grande partie des représentans et des membres du tribunal de cassation, sera prise parmi les citoyens de Paris et des communes environnantes, parce que les meneurs du sénat préféreront nommer les individus qu'ils connaissent : chose très-naturelle : les mêmes argumens s'appliquent aux élections à faire par les consuls.

Je soutiens à présent que ce mode d'élection rompt absolument l'égalité parmi les citoyens, qu'il exclut vingt millions de Français des fonctions publiques, pour les conserver à cinq ou six mille personnes. C'est à ce nombre que se réduit, à-peu-près, la liste des éligibles aux premières magistratures pour toute la France, même à celle des départemens. Or, par l'article XI de la constitution, les citoyens sont appelés, non à faire une autre liste d'éligibles, mais seulement pour en retirer ceux qui leur déplaisent ; et il est dit, dans l'art. XII, que nul n'est retiré d'une liste d'éligibles que par les votes de la majorité absolue des citoyens ayant droit de coopérer à sa formation......

Chaque liste d'éligibles formera donc un ordre particulier, lequel sera composé presque toujours des mêmes individus. Cette institution, comme on voit, démocratique en apparence, rend dans le fait le gouvernement aristocratique ; les éligibles des deux premiers ordres, les premiers fonctionnaires publics, n'ayant plus aucun intérêt de ménager les simples citoyens, pourront être impunément aussi insolens, aussi injustes qu'ils voudront. Ils n'auront besoin que de ménager le sénat et les consuls. Avec ce gouvernement vont se reproduire tous les vices du gouvernement aristocratique..................

Je doute que les élections du sénat conservateur vaillent jamais celles de nos assemblées électorales. Il réussira mieux sans doute à les remplir de ses partisans ; mais cela seul est un grand mal, car les représentans du peuple doivent être les hommes du peuple et non ceux d'un parti.

Telle a été la fatalité des circonstances que ceux qui ont formé le sénat conservateur.... n'ont pu s'empêcher de le composer avec un esprit de parti....... dont ce premier corps a dû se pénétrer...... lequel a dirigé toutes les autres élections. Or, si à ce vice radical, on ajoute ceux dont nous avons déjà parlé, on se convaincra combien ce mode d'élection..... devient monstrueux par le fait ; et qu'il réduit la volonté et la souveraineté du peuple, au bon vouloir de quelques individus...........

Il est impossible de se dissimuler avec un peu de réflexion, que c'est le but secret que l'on voulait atteindre......

On laisse à découvert la dictature du premier consul ; elle se montre avec franchise ; mais on a entortillé l'aristocratie du sénat conservateur ; elle craint de se montrer à nud ; c'est le serpent qui glisse sous les fleurs.

De cette différence doit naître dans le public un résultat différent. Tout l'odieux du pouvoir absolu pèse sur le premier consul ; tandis que le sénat s'approprie la souveraineté du peuple, sans qu'il s'en apperçoive. Il arrivera que tôt ou tard on limitera l'autorité trop grande du premier consul, tandis que le sénat conservera toute la sienne. Ainsi la puissance consulaire pliera sous la puissance sénatoriale, à moins que le sabre n'en décide autrement.

## N°. VII.

### Tome III. pag. 111-112-113-114.

A qui appartient la nomination des individus qui doivent être revêtus de différens pouvoirs ?

Cette question n'en est pas une, d'après tout ce que nous avons dit. . . . . . Il est évident que cette nomination appartient essentiellement au peuple ; c'est un droit inhérent à sa souveraineté, dont on ne peut le dépouiller sans la ruiner entiérement, sans détruire la liberté, tous les droits imprescriptibles de l'homme, tous les principes de l'ordre social. Celui qui l'ose, commet un attentat digne du dernier supplice. . . . . .

Comment légitimer le mode par lequel des individus se sont placés dans le sénat conservateur, dans le tribunat et dans le corps législatif ! Qu'ils soient les premiers hommes de l'état, que personne n'en soit plus digne qu'eux, *que le seul amour du bien public les anime*, . . . . . à la bonne heure ; mais au moins, ceux qui n'ont cessé de protester de leur désintéressement et de leur respect pour la souveraineté du peuple, devraient s'empresser d'en donner une preuve ; d'attendre que le vœu public leur donne la palme ; aujourd'hui où, comme ils le disent eux-mêmes, un gouvernement fort maîtrise toutes les factions, ils doivent, s'ils n'ont à cœur que le bien public. . . . . . remettre au peuple l'exercice de son droit d'élection.

Je ne doute pas qu'ils ne soient impatiens d'en revenir aux principes. La haute réputation de ceux de leurs membres qui ont dirigé les nominations, nous est un sûr garant de leur *désintéressement*, de leur zèle pour la république, et pour les droits du peuple. Si cependant ils ne satisfaisaient pas à *ce devoir*, celui du premier consul serait de les en faire ressouvenir.

## N°. VIII.

Tome III, pag. 102-103-106-107-108.

Bonaparte! tu ne me démentiras......
Ecoutes un Français assez courageux pour ne rien taire de ce qu'il lui paraît utile.

La république, grace à l'impéritie et à la corruption de ses premiers magistrats, marchait à grands pas vers sa ruine...... Pour la sauver, tu as eu l'audace de frapper le corps législatif, et de le frapper *dans sa partie la plus saine*. Ses membres eussent pu t'immoler au moment même; ils en avaient le droit; mais ils suspendirent leurs coups...... Quelle mission...... tu t'es chargé de remplir!.....
Ta gloire, et sur-tout ton devoir te prescrivent impérieusement aujourd'hui de réaliser les vœux des Français....................
Tu t'empresseras d'améliorer la constitution actuelle, de la rendre plus digne du peuple français, et plus propre à garantir la liberté. Tu en

retfancheras tout ce qui rend la première magistrature, une dictature réelle ; autorité trop dangereuse dans la main d'un seul homme, et qui en ferait un jour le tyran de sa patrie. Enfin, tu déposeras le pouvoir, . . . . . . quand même le vœu du peuple te prescrirait de le garder encore.

. . . . . . . . . . . . . . . . . .

Sylla a abdiqué ; mais Sylla était couvert de crimes ; et cependant cet acte de générosité suffit pour effacer ses forfaits. La nature . . . . donna à César une grande ame ; mais l'ambition la corrompit ; et César ne fut qu'un brigand audacieux . . . . . L'amour et le respect du peuple t'environneront dans ta retraite, et ton nom seul y attachera plus d'éclat que toute la pompe des rois de l'Asie.

Si, au contraire, tu trompais notre attente, tu serais bien coupable d'avoir donné inutilement un exemple si pernicieux. Ton nom, à jamais proscrit, deviendrait comme celui de Cromwell un nom d'opprobre et d'infamie. Des milliers de Brutus se dévoueraient pour la patrie ; et si tu triomphais dans la lutte qui s'éleverait entre la tyrannie et la liberté, tu n'échapperais pas à l'infamie. La carrière de la vie est d'une courte durée ! et toutes les jouissances que donne le crime ne sauraient compenser ni l'indignation publique, toujours prête à éclater, ni le murmure de la haine, ni l'horreur qu'inspire un nom exécré. Quand la mort, dont la faux plane sur tous les mortels, viendrait te dépouiller enfin de ta toute-puissance, rien alors ne pourrait comprimer le sentiment de l'indignation générale; tes cendres seraient foulés aux pieds, et les lâches flatteurs qui, durant ton existence, t'auraient conseillé le parjure et la perfidie, seraient les premiers à flétrir ta mémoire.

## N°. IX.

*Tome 2. page 192.*

Lorsque l'infâme Antoine eut l'impudence de présenter la couronne à César, le peuple romain se contenta d'exprimer son indignation par le murmure; ........ il eût dû à l'instant même immoler Antoine. On dit qu'en France, après le 18 brumaire, l'un des principaux faiseurs de cette journée, proposa de mettre à la tête du pouvoir exécutif, un homme à vie, sous le nom de *grand-électeur*; c'était là rétablir la royauté, sous un nom différent. Si le fait est vrai, un pareil homme n'était qu'un misérable factieux, qui devait sur-le-champ tomber sous le couteau de quelques généreux citoyens. Pourquoi donc avoir détrôné les Bourbons, pourquoi avoir scellé l'établissement de la république, par des fleuves de sang ..... !

## N°. X.

*Tome 2. pag. 23-24.*

C'est une grande erreur de croire que l'acte insurrectionnel ne peut être exercé que par

( 18 )

la majorité d'un peuple . . . . . . Un seul individu a le droit de s'armer pour résister au tyran. La doctrine contraire, je le sais, a été professée à la tribune du sénat français . . . . . Mais j'en appelle . . . . . au législateur rendu au calme de la raison. Je demande quel parti doit prendre un ami de la liberté, un citoyen courageux qui préfère la mort à l'esclavage, dans le cas que le plus grand nombre, vaincu par la crainte, courbe servilement la tête sous le joug d'un ou de plusieurs tyrans ! Serait-ce un crime, ne serait-ce pas au contraire une vertu de sa part, de s'efforcer de les renverser ; et n'exercerait-il pas le droit sacré de la résistance à l'oppression ! . . . . .

---

### N°. XI.

*Tome 2. pag. 130-131.*

On ne réussirait pas sans cela à punir d'heureux ambitieux, ils étoufferaient à jamais la liberté du peuple. Qui eût pu arrêter César, et quel tribunal eût osé le condamner au milieu de sa toute-puissance !

Quand dans l'état s'élèvent un ou plusieurs usurpateurs du pouvoir, dont la puissance les met à même de braver impunément les lois, le salut du peuple et de l'état fait un devoir de s'en débarrasser par tous les moyens possibles . . . .
Par le fait même de la tyrannie, ils ont déchiré le pacte social, ont perdu leurs droits de citoyen,

se sont mis hors les lois. . . . . . C'est au courage de ses enfans que la patrie a remis son salut. . . . . Celui qui les immole, est le Brutus de son pays, et la couronne civique doit parer son front.

O généreux citoyens! ô Brutus! permets que je jette aussi quelques fleurs sur ton tombeau; c'est en vain que les lâches suppôts de la tyrannie veulent flétrir tes lauriers, et couvrir ton nom d'opprobres; les républicains, c'est-à-dire, les ames fières et sensibles, les défenseurs des droits éternels te conserveront toujours au temple de la gloire. . . . . Tu vivras dans leur cœur; tu seras leur modèle; c'est toi qui les inspireras, quand une main sacrilège osera porter atteinte à la souveraineté des nations. Ils saisiront le couteau, sur lequel avec le sang de César, tu as tracé l'arrêt de mort de tous les tyrans, de tous les usurpateurs; ils le saisiront pour les immoler. Vois la France! elle avait brisé ses fers; mais quels combats à soutenir! que d'efforts de la part des oppresseurs pour l'en charger encore! Au fracas qu'elle a produit, tous les peuples de l'Europe se réveillent successivement comme d'un long sommeil. . . . . Ils sentent qu'ils sont hommes; leur ame palpite de fierté. . . . Le volcan de la liberté fait par-tout circuler ses feux. . . . . Mais comme l'ambition s'agite pour s'emparer de l'élan sublime de tous ces peuples, et les ramener sous le joug. Immortel Romain, c'est à toi de venir à leur aide! que ton génie plane sur tous les peuples! fais sortir de leur sein, des Brutus..... prêts à frapper tout tyran, tout ambitieux puissant qui oserait fouler aux pieds la souveraineté des nations, et renverser les républiques naissantes..... Ainsi César en se rendant le tyran de Rome, avait lui-même prononcé sa sentence de mort.... Ainsi eussent dû périr *Auguste* et *Cromwell*...... Ainsi..........................

# LE BRUTUS ANGLAIS

OU

## TRAITÉ POLITIQUE.

Par WILLIAM-ALLEN, Anglais;

Où il est prouvé que *tuer un tyran*, est un *droit* et un *devoir*.

NOUVELLE ÉDITION,

D'après l'ancienne traduction en français, et l'édition de Lyon de

## 1658.

### L'Imprimeur au Lecteur.

*Cette traduction m'étant par hasard tombée entre les mains, j'ai cru que je devais en faire part au public, afin que l'on vit quels sont les sentimens des Anglais pour le grand Protecteur de leur nation.*

# LETTRE

## A SON ALTESSE

## OLIVIER CROMWELL.

MILORD,

Le papier qui suit, rendra compte à V. A. de quelle manière j'emploie quelques heures du loisir qu'elle m'a donné ; je ne saurais pas dire comment il vous plaira de l'interpréter, mais je puis dire avec confiance, que j'y ai eu intention de vous procurer la justice que personne ne vous fait, et de faire voir au peuple que plus il la diffère, et plus grande est l'injure qu'il se fait à soi-même, et à vous aussi. L'honneur de mourir pour le peuple appartient justement à V. A. et ce ne vous peut être qu'une consolation inexprimable, dans les derniers momens de votre vie, de considérer combien vous ferez de plaisir au monde en le quittant. Ce sera seulement alors, Milord, que les titres que vous usurpez, vous appartiendront justement; certes vous serez alors le libérateur de votre pays, et vous l'affranchirez d'un esclavage qui n'est guères moindre que celui dont Moïse délivra le sien ; vous serez alors ce réformateur que vous voulez qu'on vous croie; la religion sera pour lors rétablie, la liberté affermie, et les parlemens auront les priviléges pour lesquels ils ont combattu. Nous espérons qu'alors quelques autres lois auront lieu outre celles de l'épée, et que la justice sera autrement définie que la volonté et le plaisir du plus fort ; nous espérons qu'alors les hommes tiendront encore leurs sermens, et qu'ils ne seront pas nécessités d'être fourbes et perfides pour plaire à leurs gouverneurs. Nous espérons tout cela de l'heureuse *expiration* de V. A., qui est notre vrai père, et le père de la patrie ; car tandis que vous vivez, nous ne pouvons rien appeler nôtre ; et c'est de votre mort que nous espérons tous nos héritages. Que cette considération arme et fortifie votre ame contre les craintes de la mort et les terreurs de votre mauvaise conscience, afin que le bien que vous ferez par votre mort balance en quelque façon les maux de votre vie ; et si dans le noir catalogue des grands malfaiteurs, l'on en peut trouver peu qui aient plus vécu pour l'affliction et pour le trouble du genre humain, que V. A. n'a fait, vos plus grands ennemis ne pourront aussi nier qu'il n'y en ait semblablement peu qui soient morts plus à l'avantage du genre humain, que V. A. ne le peut faire.

Ç'a été la principale fin de mon écrit, de hâter ce grand bien ; et s'il a le succès que j'espère qu'il aura, V. A. sera bientôt hors des atteintes de la malice des hommes, et vos ennemis ne pourront plus blesser que votre mémoire : vous ne sentirez point ces coups-là. Ce sont les souhaits universels de votre reconnaissante patrie, de voir promptement V. A. dans cette sécurité, ce sont
les

les désirs et les prières des bons et des mauvais, et c'est peut-être la seule chose dans laquelle toutes les sectes et toutes les factions s'accordent dans leurs dévotions, et ce sont-là seulement *nos communes prières* ; mais parmi tous ceux qui mettent dans leurs demandes et dans leurs supplications pour V. A. la prompte délivrance de tous les troubles de la terre, il n'y en a pas un qui soit plus assidu, ni plus zélé, que celui qui, avec le reste de la nation, a l'honneur d'être,

 Avec la permission de Votre Altesse,
  de V. A. le présent esclave et vassal,
   WILLIAM ALLEN.

# ADRESSE DÉDICATOIRE

## AUX OFFICIERS ET SOLDATS
## DE L'ARMÉE DE LA RÉPUBLIQUE,

*Pour les rappeller à leur devoir, de délivrer, sur-le-champ, la patrie du tyran qui l'opprime.*

JE souhaite de tout mon cœur, pour l'amour de l'Angleterre, que votre nombre soit plus grand que je ne crains qu'il est, et que les fréquentes purgations de S. A. aient laissé parmi vous quelques-uns que cette épitre dédicatoire marque par ces caractères. Vos propres actions, aussibien que vos lâches souffrances, ne montrent que trop clairement, que nous avons tout le monde et moi, grande raison d'en douter. Car vous, qui fûtes les champions de notre liberté, et qui fûtes levés à ce dessein, n'êtes-vous pas devenus les instrumens de notre esclavage? Et vos mains que le peuple employait pour ôter le joug de dessus notre col, ne sont-ce pas ces mêmes mains qui nous l'y mettent à présent! Vous ressouvenez-vous, que vous fûtes levés pour défendre les priviléges du parlement, et que vous avez juré de le faire ; et voulez-vous être employés pour violenter des élections, et rompre des parlemens, parce qu'ils ne veulent pas établir par une loi l'iniquité du tyran, et notre servitude ! Je souhaite que vous pensiez à ce que vous avez promis, et à ce que vous faites, et que vous ne donniez pas à la postérité, aussi-bien qu'à vos descendans, sujet de se ressouvenir de vous avec infamie, et de maudire cette infortunée valeur, et tous vos succès qui n'ont gagné des victoires, de la manière que vous en usez, que contre la république. L'Angleterre aurait-elle jamais pensé de voir cette armée, de laquelle l'on ne se ressouvenait jamais sans les titres de soldats religieux, zélés, fidelles, courageux, la défense de la liberté au-dedans, et la terreur de ses ennemis au dehors, devenir ses geoliers ! n'être plus sa garde, mais ses oppresseurs ! n'être plus ses soldats, mais les bourreaux d'un tyran, qui traînent sur les billots et aux gibets, tous ceux qui ont la hardiesse d'être plus gens de bien qu'ils ne sont eux-mêmes ! Voilà ce que vous faites, et voilà ce que vous êtes ; et vous ne pouvez jamais recouvrer votre propre honneur, la confiance et l'amour de votre pays, l'estime des braves gens, et les prières des bons, si vous ne faites voir promptement au monde que vous avez été déçus ; ce que l'on croira seulement lorsque l'on verra la vengeance que vous prendrez de cette infidelle tête qui vous a trompés ; si vous différez trop long-temps à le faire, vous trouverez qu'il sera trop tard pour le tenter, et votre répentir ne pourra ni vous venger, ni nous secourir ; c'est la principale fin de ce papier qui suit, de vous faire voir, que vous le pouvez faire comme une action légitime, et de vous le persuader comme une action glorieuse. S'il ne fait point d'effet sur vous, je ne me serai pas absolument trompé dans mon intention : car s'il n'excite point en vous de vertu, ni de courage, il vous reprochera votre lâcheté et votre bassesse. Ceci vient d'un homme qui a été parmi vous ; et qui sera avec vous encore, quand vous aurez la hardiesse d'être ce que vous fûtes.

# INTRODUCTION
## DU TRAITÉ;
### MOTIFS ET BUT DE L'AUTEUR;

*Plan de l'ouvrage divisé en trois questions.*

---

CE n'est point aucune ambition de voir mon nom imprimé, quand il y a si peu de gens qui épargnent le papier et la presse, ni aucuns mouvemens de malice ou de vengeance particulière (bien qu'il y ait peu de ceux qui osent être maintenant hommes d'honneur, qui n'aient sujet d'en avoir) qui ont prévalu sur moi, pour me faire l'auteur d'un libelle, et pour troubler la tranquillité dont je jouis par la grande faveur et par l'injustice de son altesse. Je n'ignore pas aussi combien peu utilement, j'emploierai le temps et les peines que je mettrai à cet écrit. Car, de penser que nulle de mes raisons, ou de mes persuasions, ou de leurs propres convictions retire les hommes d'aucune chose où ils voient du profit et de la sécurité, ou les porte à nulle chose où ils craignent de la perte, et où ils voient du danger, c'est avoir une meilleure opinion d'eux et de moi, qu'eux et moi nous ne méritons. D'un autre côté, le sujet est en soi de cette nature, que je ne dois pas seulement attendte du danger de la part des méchans, mais encore la censure et le blâme de beaucoup de ceux qui sont bons! Car ces opinions étant seulement considérées au dehors et non pas au fond, (et tous n'ont pas des yeux pour cela) paraîtront sanguinaires et cruelles; et il faut que je m'attende à ce reproches que me feront ceux qui ont du zèle, mais qui ne s'accorde pas avec la connaissance; c'est pourquoi si je n'eusse considéré que moi seul, je me serai épargné tout ce que j'aurai de peine, et n'aurais pas déplu à beaucoup de gens, pour plaire à si peu qu'il y a d'hommes sages et vertueux dans le monde. Mais dans un temps tel que celui-ci, quand Dieu non-seulement nous exerce par une ordinaire et commune calamité, en nous laissant tomber dans l'esclavage, parce que nous usons si mal de notre liberté, mais qu'outre cela il lui plaît d'aveugler nos entendemens, et d'abaisser nos esprits jusques à souffrir que nous fassions la cour à notre servitude, et que nous la mettions parmi les demandes que nous lui faisons, l'indignation fait qu'un homme rompt le silence, que la prudence lui persuaderait de garder, si ce n'est pour produire quelques bons sentimens dans le cœur des autres hommes, du moins pour décharger le sien.

Un certain dernier libelle nous parle d'un grand *complot découvert* contre la personne de S. A. et contre *le parlement* (c'est ainsi que cette cohue a prophané ce nom) venant se réjouir avec S. A. de ce qu'elle avait été heureusement délivrée d'un si méchant et si cruel attentat : de plus que l'on avait ordonné que l'on se moquerait de Dieu, par un jour d'actions de graces, comme je crois que le monde se moque de ce prétendu complot, et de ce que le peuple rendra publiquement grace de la calamité publique, et de ce qu'il plait encore à Dieu de continuer ses jugemens sur lui ; et de rendre inutiles tous les moyens dont il se sert pour se mettre en liberté : certainement il n'y aura maintenant personne qui nie que le peuple anglais ne soit un peuple fort reconnaissant.

Je puis dire avec justice, que ma principale intention n'est pas de déclamer dans cet écrit contre milord protecteur ou ses complices ; car quand il n'en faudrait pas plus dire pour les accuser que pour justifier les autres, je pense que leurs propres actions ont assez travaillé à cet ouvrage, et je ne dois pas prendre la peine de dire aumonde ce qu'il sait déjà. Mon dessein est d'examiner s'il y a eu un complot tel que celui duquel nous entendons parler : et s'il a été formé par *Sindercombe* contre *milord protecteur*, ou par *milord protecteur* contre *Sindercombe* (ce qui est douteux ) ; s'il mérite ces épithètes qu'il a plu à *monsieur l'orateur* de lui donner de méchant et de cruel, comme venant du *prince des ténèbres*. Je sais très-bien, combien le vulgaire est incapable de considérer ce qu'il y a d'extraordinaire et de singulier en toutes choses ; qu'il en juge, et les nomme par leurs apparences extérieures, sans pénétrer en nulle manière dans leurs causes et dans leurs natures. Et sans doute, quand il entend dire que le *protecteur* devait être tué; il tire une droite conséquence, qu'un homme devait être assassiné, et non pas un malfaiteur puni ; car il pense que les formalités font toujours les choses semblables, et que c'est le juge, et celui qui crie qui fait la justice, et que c'est la prison qui fait le criminel : c'est pourquoi, quand le vulgaire lit dans le libelle, le discours qu'a fait l'orateur, il pense assurément, qu'il donne à ces conjurateurs, les justes titres qu'ils méritent, et il les condamne aussi vîte que la haute cour de justice, sans examiner en façon quelconque, s'ils voulaient tuer *un magistrat*, ou exterminer *un tyran*, de qui tout homme est naturellement le juge et le bourreau, et que les lois de Dieu, de la nature, et de toutes les nations, exposent pour être exterminé par-tout où on le rencontre, ainsi que les bêtes ravissantes.

Afin de m'expliquer aussi clairement qu'il m'est possible, je ferai premièrement une question ( qui certainement n'en est pas une ), savoir si milord protecteur est un tyran ou non ! En second lieu, en cas qu'il soit tyran, s'il est permis d'en faire justice sans nulle formalité, c'est-à-dire de le tuer ! En troisième lieu, cela étant légitime, savoir, s'il est vraisemblable qu'il devienne utile ou désavantageux à la république !

## Première Question.

*Le grand protecteur est-il un tyran, ou non ? — Définition de la tyrannie. — Tout gouvernement pour être légitime, doit être fondé ou sur un ordre exprès de Dieu, ou sur l'autorité et le consentement du peuple. — Application de ce principe — Signes caractéristiques de la tyrannie, suivant les plus grands politiques. — Portrait d'un tyran, d'après nature.*

La loi civile déclare qu'il y a deux sortes de tyrans : *Tyrannus sine titulo, et tyrannus exercitio* ; l'un est appellé tyran, parce qu'il n'a point de droit de gouverner ; l'autre, à cause qu'il gouverne tyranniquement : nous parlerons briévement de l'un et de l'autre, et nous verrons si le protecteur ne peut pas avec grande justice réclamer ces deux titres, afin de se les attribuer. Nous aurons suffisamment fait entendre qui sont ceux qui n'ont point de droit de gouverner, si nous montrons qui sont ceux qui l'ont ; et qu'est-ce qui rend juste le pouvoir, que ceux qui gouvernent, ont sur la liberté naurelle des autres hommes. La nature a donné un suprême et absolu pouvoir aux pères dans leurs familles particulières; *chaque homme*, dit Aristote, *gouverne de droit sa femme et ses enfans* ; et ce pouvoir était nécessairement exercé en tous lieux, tandis que les familles vivaient dispersées, devant l'établissement des *républiques*; et il a continué même encore après, en plusieurs endroits, comme il appert par les lois de Solon, et par les plus anciennes de celles de Rome; et certes, comme par les lois de Dieu et de la nature, le soin, la défense et le support de la famille reposent sur celui qui en est le chef; par la même loi, chaque membre de cette famille doit de l'obéissance et de la soumission, en récompense de ce support. Or, les familles particulières, s'unissant ensemble pour composer un corps d'une république, et étant indépendantes les unes des autres, sans aucune supériorité ou obligation naturelle, rien ne peut introduire parmi elles, une disparité de règles, et de soumission, si ce n'est quelque pouvoir qui soit au-dessus d'elles; et il n'y a personne qui puisse prétendre de l'avoir, si ce n'est Dieu, ou elles-mêmes; d'où vient que tout pouvoir qui est légitimement exercé, sur une semblable société d'hommes ( que nous appellons *république*, d'autant que le bien commun est la fin de son institution ), doit de nécessité dériver, ou du commandement de Dieu tout puissant, qui est le suprême et souverain seigneur de tout, et partout; ou du consentement de la société même, laquelle après Dieu, a le plus prochain pouvoir de disposer de sa propre liberté ainsi qu'elle le juge à propos pour son propre bien. Dieu a donné ce pouvoir aux sociétés des hommes, aussi-bien qu'il l'a donné aux personnes particulières, et quand il n'interpose pas sa propre autorité, et qu'il ne déclare point lui-même qui doivent être ses vice-gérens et gouverneurs sous lui, il ne laisse à personne qu'aux peuples mêmes, l'autorité d'en faire le choix, d'autant que l'utilité du peuple est la fin de toutes sortes de gouvernement. Voire même, il a souvent lui-même fait l'élection des Gouverneurs, mais il en a laissé la confirmation et la ratification au peuple. Ainsi Saül fut choisi de Dieu, et oint roi par son prophète, mais il fut fait roi par le peuple à Gilgal. David fut oint roi par le même prophète, mais après la mort de Saül il fut ensuite confirmé par le peuple de Juda, et sept ans après, par les anciens d'Israël, députés du peuple à Chebron ; et il est à remarquer qu'encore qu'ils sussent que David était choisi de Dieu même, pour roi, et qu'il avait été oint par son prophète, ils savaient semblablement que Dieu approuvait non-seulement qu'ils confirmassent son élection, mais encore qu'ils limitassent son pouvoir. Car devant son couronnement ils firent un traité avec lui, c'est-à-dire, ils l'obligèrent par une convention à l'observation de telles conditions qu'ils pensèrent être nécessaires pour assurer leur liberté ; et il n'est pas moins remarquable, que lorsque Dieu donne à son peuple ses directions, touchant son gouvernement, il lui en laisse absolument la forme ; car il ne dit pas ; quand tu viendras dans le pays que le Seigneur ton Dieu te donne, *Statues super te regem*, mais, *si dixeris statuam* : Dieu ne dit pas ; *tu te feras un roi* ; mais si tu dis ; *j'élirai un roi* ; laissant au peuple le choix de dire oui ou non ; et il est clair qu'en ce lieu-là, Dieu donne aux peuples le choix de leur roi ; car il les instruit lequel ils choisiront : *E medio fratrum tuorum* : *Tu en prendras un parmi tes frères*. Nous pouvions en dire beaucoup plus, si c'était une vérité moins claire et moins manifeste, que tout juste pouvoir de gouverner est fondé sur ces deux bases, sur le commandement de Dieu exprès, ou sur le consentement des peuples ; et c'est pourquoi quiconque s'attribue ce pouvoir, ou quelque partie d'icelui, et ne peut produire l'un de ces deux titres, il n'est point un gouverneur ; mais un usurpateur ; et les peuples qui sont sujets à ce pouvoir-là, ne sont pas gouvernés mais opprimés.

Ceci étant bien considéré, le peuple d'Angleterre n'a-t-il pas beaucoup de raison de faire cette question au protecteur : *Quis constituit te virum principem et judicem super nos* ! *Qui t'a fait notre prince et notre juge* ! Si c'est Dieu, fait le nous paraître ! Si c'est le peuple, où nous sommes-nous assemblés pour le faire ! Qui a pris nos signatures, à qui avons-nous donné notre pouvoir et nos procurations ! Où, et quand est-ce que ces députés-là ont fait cette élection ! Ces demandes sont assurément très-naturelles, et je crois qu'elles embarrasseraient beaucoup le conseil de S. A. *et sa cohue*, à y répondre ; en un mot ( afin que je n'ennuie point mon lecteur qui ne manquera pas de preuves de ce que je dis, s'il ne manque point de mémoire ), *si changer le gouvernement sans le consentement du peuple, si faire séparer les parlemens par force, et annuller leurs actes, si donner le nom de députés du peuple, à ses propres complices,* afin qu'il puisse établir l'iniquité par une loi, si ôter la vie aux hommes sans nulle forme de justice, par le moyen de certains meurtriers qu'il a établis, et qu'il appelle une haute cour de justice, si décimer les biens des hommes, si imposer de sa propre autorité sur les peuples, les taxes qu'il lui plaît ; si maintenir tout cela à force d'armes ; si, dis-je, un tyran fait toutes ces choses là, sa *propre impudence* ne peut nier qu'il n'en soit un, aussi parfait et aussi achevé qu'il y en eut jamais, depuis qu'il y a eu des sociétés d'hommes ; celui qui a fait, et qui fait encore tout cela, c'est la personne pour la conservation de laquelle le peuple d'Angleterre doit prier Dieu ; mais certainement s'il le fait, c'est pour la même raison que cette vieille femme de Syracuse priait pour la longue vie de *Denis le tyran*, de peur que le diable ne lui succédât.

Or, si au lieu du commandement de Dieu, ou du consentement des peuples, S. A. n'a point d'autre titre que la force et la fraude, ce qui est proprement manquer de tous les titres nécessaires ; et si violer toutes les lois et n'en proposer aucune pour gouverner que celles de sa propre volonté, est exercer cette tyrannie qu'il a usurpée, et rendre son administration conforme à son droit: la première question que nous avons faite ne doit pas être plus longue.

Mais devant que nous venions à la seconde, puisqu'il est beaucoup plus aisé de s'appercevoir et de connaître les choses par la description de leurs accidens extérieurs et de leurs qualités, que par la définition de leurs essences, ce ne sera pas une faute de voir si S. A. n'a pas aussi bien les marques extérieures et les caractères par lesquels les tyrans sont connus, qu'il a leurs propriétés naturelles et essentielles; s'il n'a pas la peau du lion et la queue du renard, aussi bien qu'il a la violence de l'un, et la ruse de l'autre. Or, dans la peinture que j'ai dessein de faire d'un tyran, l'on trouvera que tous les traits, et les linéamens, et toutes les couleurs auront tant de rapport avec le naturel, que l'on doutera seulement si S. A. est l'original ou la copie; si je l'ai représentée en faisant le portrait d'un tyran, ou si j'ai fait le portrait d'un tyran en dépeignant S. A., et c'est pourquoi de crainte que je ne pusse être soupçonné de n'agir pas sincèrement avec lui, et de n'avoir point appliqué ces caractères suivans, mais de les avoir faits; je ne vous en donnerai pas un seul de mon invention, mais tels que je les trouve dans *Platon*, *Aristote*, *Tacite*, et dans *Machiavel*, qui est le propre évangéliste de S. A.

1°. La plupart des tyrans ont été d'abord capitaines et généraux pour les peuples, sous prétexte de venger ou de défendre leur liberté. *Ut Imperium evertant, Libertatem præferunt, cum perverterunt ipsam aggrediuntur*, dit Tacite, pour renverser le gouvernement présent, ils prennent pour prétexte la liberté du peuple, et lorsque le gouvernement est renversé, ils oppriment eux-mêmes alors cette liberté, pour laquelle ils avaient combattu : ceci n'a pas besoin d'application.

2°. Les tyrans accomplissent leurs desseins beaucoup plus par fraude que par force; ni la vertu, ni la force, dit Machiavel, ne sont pas si nécessaires pour cela que *una astutia fortunata*, une heureuse finesse, laquelle sans la force a souventefois été trouvée suffisante, mais non pas la force sans elle ; et dans un autre endroit, il nous dit, leur maxime est ; *aggirare i cervelli de gli homini con astutia*, d'imposer aux esprits et aux jugemens des hommes avec des prétextes adroits et plausibles, et à la fin ils se rendent maîtres de ceux qui ont eu si peu d'esprit que de se fier à leur foi et à leur intégrité.

Il n'est pas nécessaire de dire que si S. A. n'eût eu une faculté de verser aussi facilement des larmes, que de parler éloquemment dans ses exécrations; s'il n'eût pas eu des yeux d'éponge, et une conscience souple, et qu'outre cela il n'eût pas eu à faire à un peuple de grande foi et de peu d'esprit, son courage, et le reste de ses vertus morales, avec le secours de ses janissaires, n'eût pas été capable de l'éloigner si fort des atteintes de la justice, que pour l'ôter du lieu où il est, nous eussions eu besoin de recourir à d'autres mains qu'à celles du bourreau.

3°. Ils abaissent toutes les personnes excellentes, et ils ôtent de leur chemin toutes les ames nobles, *et terræ filios extollunt, et ils élèvent les enfans de la terre.*

Pour faire parler Aristote en d'autres termes, ils purgent le parlement et l'armée, jusqu'à ce qu'ils y laissent peu ou point de gens qui aient ou de l'honneur, ou de la conscience, ou de l'esprit, de l'intérêt, ou le courage de s'opposer à leurs desseins, et dans ces purgations, dit Platon, les tyrans font tout le contraire des médecins ; car ceux-ci nous purgent de nos humeurs, et les tyrans nous purgent de notre esprit.

4°. Ils n'osent pas souffrir d'assemblées, pas seulement pour des courses de chevaux.

5°. Ils ont en tous lieux leurs espions et leurs délateurs ; c'est-à-dire, ils ont leurs *Fleetwods*, leurs *Broughalls*, leurs *St.-Thons*, ( outre une quantité innombrable de petits espions ), qui feignent d'être mécontens et de n'être point d'accord avec eux, afin que par cet artifice ils puissent gagner de la confiance et faire des découvertes ; ils ont semblablement leurs émissaires pour les envoyer avec des lettres supposées : si quelqu'un doute de cela, qu'on l'envoie au général *Major Browne*, et il lui donnera satisfaction.

6°. Ils ne se remuent pas sans avoir une garde ; et S. A. ne fait pas un pas sans ses gardes du corps.

7°. Ils appauvrissent les peuples, afin qu'ils

manquent de pouvoir, s'ils ont la volonté de tenter quelque chose contre eux. S. A. se sert des *taxes*, *excises*, *impôts* et des *décimations*.

8°. Ils font la guerre pour distraire et occuper le peuple; et pour avoir outre cela un prétexte de lever de l'argent, et de faire de nouvelles levées, en cas qu'ils ne se fient plus à leurs vieilles troupes, ou qu'ils pensent qu'elles ne soient pas suffisantes. La guerre avec l'Espagne sert pour cela à S. A., et ce n'est point pour d'autres raisons qu'elle a commencée et qu'elle continue encore.

9°. Ils veulent faire croire qu'ils honorent et qu'ils ont souci des gens de bien, c'est-à-dire, si les ministres du culte, sont orthodoxes et flatteurs; s'ils veulent donner la torture et la gêne à l'écriture, pour prouver que le gouvernement est juste et légitime, et fournir S. A. de passages et de titres. S. A. semblablement est contente d'entendre l'écriture en leur faveur et de les fournir de dîmes.

10°. Ils font exécuter par d'autres les choses qui sont odieuses et désagréables, et quand les peuples sont mal-contens, ils les appaisent en sacrifiant les ministres qu'ils emploient. Je laisse aux généraux majors de S. A. à ruminer un peu sur ce point là.

11°. Ils prétendent en toutes choses, d'être merveilleusement soigneux de ce qui concerne le public, de rendre compte de l'argent qu'ils reçoivent, qu'ils prétendent avoir fait lever pour maintenir l'état et soutenir la guerre. S. A. a fait un excellent commentaire sur ce passage d'Aristote, dans le discours qu'il a fait au parlement.

12°. Ils mettent en vente toutes les choses destinées aux usages pieux de la religion, afin que pendant que ces choses là durent, ils fassent moins d'exactions sur le peuple ; les cavaliers interpréteront ceci, des biens des doyens et des chapitres.

13°. Ils prétendent avoir des inspirations de Dieu et des réponses des oracles, afin d'autoriser ce qu'ils font. S. A. a toujours été enthousiaste ; et comme *Hugues Capet*, en prenant la couronne, prétendait avoir été averti de cela en songe, par *Sr. Valery* et *Sr. Richard*, je crois que S. A. fera le même, à la sollicitation de *Sr. Henry* et de *Sr. Richard*, ses deux fils.

14°. Finalement, ils prétendent, par-dessus toutes choses, d'aimer dieu et la religion ; Aristote appelle cela, *artis tirannicœ potissimam, la plus sûre et la meilleure de tous les artifices des tyrans* ; et nous savons tous que S. A. l'a trouvé aussi par expérience, il a véritablement trouvé qu'il y a un grand gain dans la piété, et que les prédications, et les prières bien ménagées, gagneront d'autres royaumes, aussi-bien que celui des cieux. Ses armes ont été véritablement des armes pieuses ; car il a fait de grandes conquêtes par celles de l'église, par les prières et par les larmes ; mais la vérité est, que si ce n'était pas pour notre honneur d'être gouvernés par un homme qui sait si bien se servir de l'épée spirituelle et temporelle, et d'avoir comme les Romains, notre grand prêtre pour notre empereur, nous aurions pu avoir des prédications à beaucoup meilleur marché ; et elles ne nous auraient coûté que nos dîmes ; au lieu que maintenant elles nous coûtent tout nôtre bien.

Aristote fait encore mention d'autres maximes et d'autres marques, auxquelles on peut connaître les tyrans ; mais comme elles ne se peuvent pas bien appliquer aux actions de S. A. et qu'il n'est pas d'un tempérament propre pour les pratiquer, je ne m'y arrêterai pas beaucoup. Entre autres choses, Aristote ne veut pas qu'un tyran se comporte insolemment, et qu'il outrage le peuple ; mais S. A. est naturellement colérique, et il faut qu'il appelle les gens, coquins, et qu'il donne des soufflets : enfin, il conclud qu'il doit se régler et se former de telle manière, qu'il ne soit ni réellement bon, ni absolument mauvais, mais moitié l'un et moitié l'autre ; mais d'être moitié bon, c'est une proportion trop grande pour S. A. et beaucoup plus que son tempérament ne peut le souffrir.

Mais pour dire la vérité plus sérieusement et pour conclure cette première question, il est certain que si ces caractères ont jamais formé un homme, l'on ne peut nier que ce ne soit S. A. ; et si ce n'est point un tyran, il faut que nous confessions que l'on ne nous en a point laissé la définition, ni la description, et que nous nous imaginions qu'il n'y a point de semblable chose dans la nature ; que c'est seulement un être de raison, ou un vain nom ; mais s'il y a une telle bête, et que nous croyons à tout ce que nous voyons et que nous sentons, demandons maintenant, suivant la méthode que nous proposons, si c'est une bête innocente, à laquelle nous ne devions point faire de supercherie, ou une bête féroce pour l'extermination de laquelle toutes sortes de moyens sont honnêtes et licites.

## Deuxième Question.

*Est-il permis de faire justice d'un tyran, sans nulle formalité ; c'est-à-dire, de le tuer ? — Résolution. — Le tyran en se mettant au-dessus des lois, se met lui-même hors la loi. — Preuves tirées de la raison et de la loi naturelle. -- Autorités multipliées des plus grands politiques. — Exemples des peuples les plus célèbres de l'antiquité, à l'appui de cette opinion. — Autorités et exemples tirés de la loi sacrée et de l'histoire ancienne des juifs. — Objections et réponses.*

Je ne trouve personne de ceux qui n'ont point été effrayés, ou dont la raison n'a point été corrompue, qui soit si fort ennemi de la justice publique, ou de la liberté du genre humain, que de donner aucune espèce d'indemnité à un usurpateur, qui ne peut prétendre d'autre titre que celui d'être le plus fort, ni demander l'obéissance des peuples par nulle autre obligation, que celle de la nécessité et de la peur.

Tous les hommes font d'un tel homme comme d'une personne qui est hors de toutes les bornes de la protection humaine; l'*Ismaël*, contre qui tout le monde porte la main; de même qu'il tourne la sienne contre tout le monde, à celui-là l'on ne donne pas plus de sûreté, que *Caïn*, son compagnon de meurtre et de violence, ne s'en promettait à soi-même, *d'être tué par le premier qui le rencontrerait*. La raison pour laquelle le cas du tyran est singulier, et pourquoi en ce cas-là, chacun a reçu le pouvoir de faire la vengeance qui, en d'autres cas, est réservée à Dieu et au magistrat, ne peut être obscure, si nous considérons bien ce que c'est qu'un tyran, quels sont ses crimes et en quel état il tient ferme contre la république, et contre chacun de ses membres; et certainement si nous trouvons qu'il est un ennemi de la société humaine, et un destructeur de toutes les lois, et qui, par la grandeur de ses méchancetés, s'assure contre le cours ordinaire de la justice; nous ne trouverons point étrange alors, s'il n'a point le bénéfice de la société humaine, ni la protection de la loi, et si dans son cas la justice dispense de ses formalités. C'est pourquoi nous devons considérer que la fin pour laquelle les hommes entrent en société, n'est pas simplement pour vivre, ce qu'ils peuvent faire, dispersés comme les autres animaux, mais pour mener une vie heureuse, qui réponde à la dignité et à l'excellence de leur espèce. L'on ne peut avoir ce bonheur hors de la société ; car en particulier nous sommes impuissans et défectueux, et incapables de procurer les choses qui sont ou pour la nécessité ou pour l'ornement de nos vies ; comme nous sommes incapables de les défendre et de les garder lorsqu'elles sont acquises. Pour remédier à ces défauts, nous nous associons ensemble ; ce que nous ne pouvons pas garder, et dont nous ne pouvons pas jouir en particulier, nous sommes capables de le faire ensemble, par les mutuels devoirs et les assistances les uns des autres : nous ne pourrions pas peut-être parvenir à ces fins, si nous ne nous soumettions point nos appetits et nos passions aux lois de la raison et de la justice ; car la corruption de l'homme le rendrait aussi peu capable de vivre en société, que sa nécessité le rend incapable de vivre hors d'icelle ; et si cette malice n'était réglée par des lois ; les appetits des hommes pour les mêmes choses, leur avarice, leurs plaisirs, leur ambition, rendraient bientôt la société aussi peu, voire moins sûre que la solitude même ; et nous ne serions associés seulement que pour être plus proches de notre misère et de notre ruine : c'est pourquoi ce qui nous fait accomplir l'intention de la vie civile et sociable, c'est notre obéissance et notre soumission aux lois; ce sont les nerfs de toute société et de toutes les républiques, sans lesquelles il faut nécessairement qu'elles se dissipent et se divisent. Et certes, comme dit S. Augustin, ces sociétés où il n'y a ni lois, ni justice, ne sont pas des républiques, mais *magna latrocinia*, *de grandes assemblées de voleurs et de brigands confédérés*; d'où vient que ceux-là qui ne se soumettent pas à la loi, ne doivent point être censés de la société humaine, laquelle ne peut subsister sans une loi. C'est pourquoi Aristote dit *que la tyrannie est contre la loi de nature*, c'est-à-dire, la loi de l'humaine société, par laquelle la nature humaine est préservée; c'est pour cette raison que l'on nie qu'un tyran soit *pars reipublicæ*, parce que chaque partie est sujette au tout; et un citoyen, dit le même auteur, est une personne qui est aussi bien obligée au devoir d'obéir, qu'elle est capable d'avoir le pouvoir de commander. Et certes il obéit tandis qu'il commande, c'est-à-dire, il obéit aux lois, lesquelles, dit Cicéron, *magistratibus præsunt, ut magistratus præsunt populo, sont au-dessus des magistrats, comme les magistrats sont au-dessus du peuple*; et c'est pourquoi un tyran que ne se soumet point à la loi, mai dont le plaisir et la volonté, sont les lois avec lesquelles il se gouverne, et gouverne les autres, n'est point un magistrat, ni un citoyen, ni un membre d'aucune société, mais *un ulcère et un chancre qui la ronge*; et si l'on considère bien la chose comme l'on doit, une république en tombant dans une tyrannie, perd ce nom-là, et est réellement une autre chose. *Non est civitas, quæ unius est viri*; ce qui dépend d'un seul homme n'est pas une cité; car il n'y a plus de *peuple* et de *parlement*; mais ces noms-là sont changés, ou tout au moins leur nature, en ceux de maître et de serviteurs, de *seigneurs* et d'*esclaves*, *et servorum non civitas erit, sed magna familia*, dit Grotius, où tous sont esclaves, ce n'est point une cité, c'est une grande famille ; et il est vrai que nous sommes tous les membres de *Withall*; et quand il p'ait à notre maître, il peut nous y envoyer, et là, nous percer les oreilles, et nous attacher aux barrières de la porte.

Mais pour conclure : un tyran, comme nous avons dit, n'étant point une partie, et ne se soumettant point aux lois de la république; mais se mettant au-dessus de la loi, il n'est pas raisonnable qu'il doive avoir la protection dûe à un membre de la communauté, ni qu'il reçoive quelque défense des lois, dont il n'en reconnaît pas une ; c'est pourquoi, par toute sorte de raisons, il doit être mis au nombre de ces bêtes sauvages, qui ne vont jamais en compagnie avec les autres, et qui n'ont point d'autre défense que leur propre force, faisant un butin de tout ce qui est plus faible qu'elles, et par la même justice étant une proie pour tout ce qui est plus fort qu'elles ne sont.

Que l'on considère qu'un tyran se mettant au-dessus de toutes les lois, et défendant son injustice,

justice, par une force à laquelle le pouvoir du magistrat n'est pas capable de s'opposer, est au-dessus de toute sorte de punition, au-dessus de toute autre sorte de justice, que celle qu'il reçoit du coup de quelque main généreuse; et certainement l'on aurait mal pourvu à la sureté du genre humain, s'il n'y avait point une espèce de justice pour atteindre aux grandes méchancetés, et si les tyrans devaient être *immanitate scœlerum tuti*, en sureté par la grandeur de leurs crimes. Certes nos lois ne seraient *que des toiles d'araignées, faites pour attraper des mouches et non pas des frelons et des guêpes*; et l'on pourrait bien alors dire de toutes les républiques, ce que l'on disait de celle d'Athènes, *que l'on y pendait les petits voleurs, mais que les grands étaient en sureté et condamnaient le reste*. Mais celui qui veut s'assurer de toutes les mains, doit savoir qu'il ne s'assure d'aucune; celui qui échappe à la justice dans une cour de parlement, la trouve dans la rue; et celui qui marche armé contre tout le monde, arme tout le monde contre lui. *Bellum est in eos, qui judiciis coerceri non possunt*, dit Cicéron, *nous avons la guerre avec ceux contre qui nous n'avons point de loi*: le même auteur dit, *cum duo sint desertandi genera, etc. puisqu'il y a deux voies pour décider les différens, l'une par le jugement et l'arbitrage, et l'autre par la force; l'une est propre pour les hommes, et l'autre pour les bêtes; nous devons avoir recours à la dernière, quand la première ne peut rien obtenir* ( et certainement par la loi de na-

G

tute, *ubi cessat judicium*, *lorsque la justice ne peut être faite*, chaque homme peut être son propre magistrat et se faire justice à soi-même; car la loi, dit Grotius, qui m'empêche de poursuivre mon droit, autrement que par le cours ordinaire de la loi, suppose assurément, *ubi copia est judicii*, *où la loi a du pouvoir*, et où la justice peut être faite; autrément la loi serait pour la défense, et non contre les injures, et tout au contraire de la nature de toutes les lois, elle deviendrait la protection du coupable contre l'innocent, et non de l'innocent contre le coupable.

Or, comme il est contre les lois de Dieu et de la nature que les hommes qui sont partiaux pour eux-mêmes, et par conséquent injustes aux autres, soient leurs propres juges, lorsque d'autres le doivent être, de même est-ce une chose tout-à-fait contraire à la loi de nature et de la société commune des hommes, que lorsque la loi, ne peut avoir de lieu, il doive être défendu aux hommes de repousser la force par la force, et d'être ainsi dépourvu de toute sorte de défense, et de remède contre les injures. Dieu même n'a pas laissé l'esclave sans remède contre le maître qui est cruel, et quelle analogie peut-il y avoir avec raison, que l'esclave qui n'est proprement que l'argent de son maître, et qu'une partie de ses meubles, trouve un remède contre les injures et les insolences d'un maître impérieux, et qu'un peuple libre qui n'a point d'autre supérieur que son Dieu, n'en ait point du tout contre l'injustice et l'oppression d'un barbare tyran. Et ne serait-ce pas une incongruité très-grande, que la loi de Dieu permît à un chacun de tuer un voleur, lorsqu'il le trouve de nuit, rompant sa maison, parce qu'alors il peut être supposé qu'il ne l'aurait pu livrer à la justice; et qu'un tyran qui est le voleur public du genre humain, et que nulle loi ne peut arrêter, fût une personne sacrée et inviolable, *cui nihil sacrum, aut sanctum, à qui rien n'est sacré, rien n'est inviolable*. Mais le vulgaire juge ridiculement des choses, leur éclat éblouit ses yeux, et il n'en juge que par les apparences et par les couleurs qu'elles ont. Car qu'y a-t-il de plus absurde dans la nature, et de plus contraire au sens commun, que d'appeller *voleur*, et de tuer celui qui vient seul ou avec peu de gens, pour me dérober; et d'appeller *protecteur*, et d'obéir à celui qui me vole avec des régimens et des troupes ! comme si dérober avec deux ou trois vaisseaux, c'était être un pirate; et pirater avec cinquante, c'était être un amiral ! Mais si c'est le nombre des adhérens seulement qui met la différence entre le voleur et le protecteur, je souhaite que le nombre soit défini, afin que nous puissions savoir où finit le voleur, et où commence le prince; et que nous soyons capable de distinguer le vol d'avec la taxe.

Mais assurément, il n'y a point d'Anglais qui puisse ignorer que c'est le droit de sa naissance d'être le maître de son propre bien, et que personne n'a de pouvoir sur aucune partie de ce bien sans son propre consentement, ou donné immédiatement par lui-même, ou virtuellement par un parlement ; toutes les autres voies sont pures voleries, sous d'autres noms. *Auferre trucidare, rapere falsis nominibus imperium; atque ubi solitudinem faciunt, pacem appellant ;* dérober, extorquer, assassiner, *c'est ce que les tyrans appellent faussement gouverner ; et désoler un pays, ce qu'ils nomment le mettre en paix et en tranquillité ;* dans tous les impôts nous sommes volés, l'*excise* est un brigandage, les *coutumes* un vol ; et sans doute, comme c'est toujours prudemment fait, aussi est-il toujours juste de tuer le voleur, dont nous ne pouvons autrement avoir justice ; mais il n'est pas seulement juste de nous faire justice, il est encore glorieux, et c'est bien mériter du genre humain, que de délivrer le monde de ce voleur public, et de ce pirate universel, sous qui, et pour qui les moindres bêtes pillent, butinent et saccagent tout. Je voudrais qu'il y eût quelque moyen d'éteindre ce flambeau, qu'il se trouvât quelque main pour percer cet ulcère ; et je ne puis douter que Dieu ne sanctifie bientôt quelques bras pour le faire, et pour abattre cet homme sanguinaire, ce fourbe qui ne vit pas seulement pour le malheur, mais pour l'infamie de toute notre nation.

J'aurais sujet d'être moins assuré de la justice de cette opinion, si elle était nouvelle ; et si elle n'était seulement appuyée que sur mes observations et mes interprétations ; mais si je suis trompé, j'aurais toujours cette excuse que j'aurai été attiré dans cette erreur par les exemples qui nous ont été laissés par les plus grands et les plus vertueux, et par les opinions des plus sages et des plus graves hommes qui ont laissé leur mémoire à la postérité. De la grande abondance des preuves que je pourrais tirer des exemples et des autorités pour cette opinion, j'en choisirai peu, parce que les vérités manifestes n'ont pas besoin de ces supports là, et j'ai aussi peu d'envie de me lasser que mon lecteur.

Premiérement, d'autant qu'un usurpateur qui s'est mis en possession du gouvernement seulement par la force, et qui le garde aussi seulement par la force, est toujours en guerre avec chacun, dit le docte Grotius, c'est la raison pour laquelle toute chose est légitime contre lui, qui est légitime contre un ennemi découvert que tout homme privé a droit de tuer, *hostis hostem occidere volui*, dit Scævola à Porsenna quand il fut pris, après qu'il l'eut manqué dans le dessein qu'il avait de le tuer ; *ennemi, je voulais tuer un ennemi* : ce que chaque homme a droit de faire, *contra publicos hostes, et majestatis reos, omnis homo miles est*, dit Tertullien, *contre les ennemis communs et ceux-là qui sont traîtres à la république, tout homme est soldat* ; les plus fameuses nations ont approuvée cette opinion, et par leurs lois et par la pratique. Les Grecs, ainsi que nous, dit Xénophon, qui ne souffraient pas que les meurtriers entrassent dans leurs temples, érigeaient dans ces mêmes temples des statues à ceux-là qui avaient tué des tyrans, estimant qu'il était à propos de placer leurs libérateurs parmi leurs dieux. Cicéron fut témoin oculaire des honneurs que l'on faisait à de tels hommes. *Græci homines, etc.* Les Grecs, dit-il, attribuent les honneurs divins à ceux-là qui tuent les tyrans. Qu'ai-je vu dans Athènes ; et dans les autres villes de Grèce ! quelle religion récompense de semblables hommes ! Quels hymnes ! quels éloges ! avec lesquels ils sont consacrés à l'immortalité, et presque déifiés. Dans Athènes, par la loi de Solon, la mort n'était pas seulement décrétée contre le tyran qui opprimait l'état, mais contre tous ceux qui avaient pris quelque charge, et qui avaient eu quelque emploi pendant que la tyrannie subsistait ; et Platon nous dit la manière ordinaire dont ils usaient avec les tyrans ; si, dit-il, le tyran ne pouvait être chassé en l'accusant devant les citoyens, alors ils s'en défaisaient par des secrettes pratiques.

Parmi les romains la loi valérienne était, *si quis injussu populi, etc.*, *quiconque prenait la magistrature sans le commandement du peuple, il était permis à un chacun de le tuer.* Plutarque fait cette loi bien plus sévère, *ut injudicatum occidere eum liceret, qui dominium concupisceret*, qu'il fût permis par cette loi, devant qu'il y eût nul jugement rendu, de tuer celui qui n'avait fait qu'aspirer à la tyrannie. Semblablement *la loi consulaire* qui fut faite après la suppression de la tyrannie du décemvirat, déclara qu'il était permis à un chacun de tuer celui qui veut entreprendre de créer des magistrats, *sine provocatione, etc., sans appel au peuple.* Par ces lois et par des témoignages innombrables des auteurs, il paraît que les Romains avaient appris des Grecs avec le reste de leur philosophie, quel était le remède naturel contre un tyran; et ils n'honoraient pas moins qu'eux ceux qui en firent l'application, qui, comme dit Polibe, parlant des conjurations, n'étaient pas *deterrimi civium, sed generosissimi quique et maximi animi, non pas les pires, et les moindres des citoyens, mais les plus généreux et ceux de la plus grande vertu.* Ainsi furent la plupart de ceux qui conspirèrent contre *Jules-César*; il crut lui-même que *Brutus* était digne de lui succéder dans l'empire du monde; et *Cicéron* qui était surnommé le père de la patrie, s'il ne fût pas participant de ce dessein, il affecta néanmoins la gloire d'être cru un des conjurateurs : *quæ enim res unquam, etc., quelle action,* dit-il, *ô Jupiter à jamais été faite dans cette ville, voire même dans le monde, qui fut plus glorieuse, et le plus digne d'une éternelle mémoire; je souffre volontiers que l'on me comprenne dans ce dessein, comme si l'on me renfermait avec les chefs dans le cheval de Troie :* dans ce même endroit, il nous dit les sentimens qu'avaient de cette action tous les vertueux Romains, aussi bien que les siens propres ; " *Omnes boni quantum in ipsis fuit, Cæsarem occiderunt ; aliis consilium, aliis animus, aliis occasio defuit, voluntas nemini.*

*Tous les gens de bien*, dit-il, *autant qu'il était en leur pouvoir, ont tué César ; quelques-uns ont manqué de suffisance, d'autres ont manqué de courage, et d'autres n'en ont point eu l'occasion; mais personne n'a manqué de bonne volonté pour le faire.*

Mais nous n'avons pas encore fait voir toute l'étendue de leur sévérité contre un tyran ; ils l'exposaient à la fraude aussi bien qu'à la force, et ne lui laissaient point de sureté dans les serment et dans les pactes, afin que ni la loi, ni la religion ne pussent défendre celui qui les violait toutes deux : *Cum tyranno romanis nulla fides, jusjurandi religio*, dit Brutus dans Appian; *les Romains tiennent qu'il n'y a point de foi à garder, ni de religion de serment à observer avec un tyran.* Sénèque donne la même raison : *Quia quidquid erat quod mihi cohæreret*, etc., parce qu'il a rompu tout ce qu'il y avoit de mutuelle obligation entre nous, en détruisant les lois de la société civile. Ainsi ceux qui pensent qu'il y a *in hostem nefas*, que l'on ne peut commettre une infamie contre un ennemi ; ceux qui font profession : *Non minus justè quàm fortiter arma gerere*, de se servir des armes avec autant de justice que de courage ; ceux qui pensent qu'il faut garder la foi, même aux perfides, ils pensent aussi que l'on ne peut faire à un tyran d'autre injustice, que de le laisser vivre ; et que la plus prompte voie pour l'exterminer est la plus légitime, il n'importe comment, par force ou par finesse ; car l'on se sert, contre toutes les bêtes féroces, de toiles et de filets, aussi bien que du javelot et de l'espieu.

Mais quoi ! la haine qu'ils avaient pour un tyran était si grande qu'elle fit prendre à quelques-uns, les opinions dans leurs propres passions, et débiter des choses qu'ils ne pouvaient que mal justifier dans leur morale ; ils pensaient que l'on avait si absolument confisqué à un tyran tous les titres de l'humanité, et toute sorte de protection qu'elle pouvait lui donner, qu'ils abandonnèrent sa femme, sans autre garde de sa chasteté que son âge et sa déformité ; et ils pensaient que ce que l'on commettait avec elle, n'était pas un adultère. J'en pourrais apporter beaucoup de témoignages ; car il est plus difficile d'en faire le choix que d'en trouver en abondance. Mais je conclurai avec les autorités les plus authentiques, et avec les exemples que nous pouvons plus commodément imiter.

La loi de Dieu même ordonne une certaine mort à qui voudra agir avec *présomption*, et ne se point soumettre à la décision de la justice. Qui peut lire ceci, et penser qu'un tyran doit vivre ! Mais certainement, ni cela, ni nulle autre loi n'aurait d'effet, s'il n'y avait point de moyen de la mettre à exécution. Or, dans le cas d'un tyran, les ajournemens et les procès n'ont point lieu ; et si nous voulons seulement avoir des remèdes formels contre lui, nous sommes assurés de n'en avoir aucun ; il y a peu d'espérance de justice, lorsque le malfaiteur a le pouvoir de condamner le juge ! C'est pourquoi tout le remède qu'il y a contre un tyran, c'est *la dague d'Ehud*, sans laquelle toutes nos lois sont sans fruit et nous sans secours. C'est cette *haute Cour de justice* où *Moïse* ajourna l'*Égyptien*, où *Ehud* appella *Eglon*, *Samson* les *Philistins*, *Samuel*, *Agag*, et *Jehojada* la tyranne *Athaliah*. Considérons un peu en détail tous ces différens exemples, et voyons s'ils peuvent être appliqués à notre propos.

1º. Quant au cas de *Moïse*, il est certain que chaque Anglais a autant de vocation que Moïse, et beaucoup us de sujet que lui de tuer cet *Egyptien*, qui ne fait que mettre tous les jours de nouvelles charges, et qui maltraite incessamment et nos frères et nous. Car quant à sa vocation, nous ne lisons pas qu'il en eût d'autre, que la nécessité de son frère et le besoin qu'il avait de son secours. Il regardait les fardeaux que portaient ses frères, et voyant un Égyptien qui frappait un Hébreu, connoissant qu'il étoit hors de l'atteinte de toute autre espèce de justice, il le tua : certainement cela était, et cela est aussi légitime à tout homme de le faire qu'à Moïse, qui n'était alors qu'une personne privée, et qui n'avait point d'autre autorité de faire ce qu'il fit, que celle que la nature donne à chaque homme, d'opposer la force à la force, et de faire justice quand on n'en trouve point. Quant à la cause de l'action, nous avons beaucoup plus à dire que n'avait Moïse ; il voyait battre un

Hébreu, nous voyons assassiner beaucoup d'Anglais ; il voyait les fardeaux de ses frères, et les coups qu'on leur donnait ; nous voyons les fardeaux de nos frères, leurs emprisonnemens et leur mort. Or, il est assuré que s'il était légitime à Moïse de tuer cet Egyptien qui opprimait un homme, n'y ayant point de moyen de procéder contre lui par le cours ordinaire de la justice, ce ne peut être qu'une absurdité de penser qu'il soit illégitime de tuer celui qui opprime une nation toute entière, un homme que la justice peut aussi peu atteindre, qu'elle le défend.

2°. L'exemple de *Ehud* nous montre le naturel, et presque le seul remède contre un tyran, et le moyen de délivrer un peuple accablé de l'esclavage d'un insolent *mohabite*; on n'en vient pas à bout avec les prières et les larmes, mais avec *le secours du poignard*, et avec la main gauche d'un *Ehud*; car, croyez-le pour certain, un tyran n'est pas une *espèce de Diable* que l'on chasse seulement par le jeûne et par la prière, et l'écriture en cet endroit nous enseigne quelle sorte de message le Seigneur pense qu'il est à propos d'envoyer à un tyran, *un poignard long d'une coudée dans le ventre*; et tout homme brave et généreux qui desire être un *Ehud*, doit s'empresser et disputer, afin d'en être le porteur.

Nous pouvons semblablement observer dans cet endroit, et dans plusieurs autres *des Juges*, que lorsque les Israélites tombaient dans l'idolâtrie, qui certainement était le plus grand de tous les péchés ; Dieu tout-puissant, pour proportionner la punition à l'offense, les livrait toujours entre les mains des tyrans ; ce qui assurément est le plus grand de tous les fléaux.

3°. Dans l'histoire de *Samson* il est évident que parce qu'on lui refusa sa femme, et qu'on la fit ensuite brûler avec son père, (ce qui n'était que des injures particulières, quoiqu'elles fussent grandes) : il crut avoir des suffisantes raisons de faire la guerre aux *Philistins*, n'étant qu'une personne privée, et n'étant pas seulement assisté, mais au contraire traversé par ses lâches compatriotes. Il savait ce que la loi de nature lui permettait, quand les autres lois n'avaient point de lieu, et pensait que c'était une suffisante justification de ce qu'il rompait bras et jambes aux Philistins, de répondre qu'il agissait avec eux comme ils avaient fait avec lui. Ce qui était permis à Samson de faire contre plusieurs de ses oppresseurs, pourquoi ne pouvons-nous pas le faire légitimement contre un tyran ! Les outrages que l'on nous fait sont-ils moindres, nos amis et ceux qui sont intéressés avec nous, sont tous les jours assassinés à nos yeux ; pouvons-nous par quelque autre moyen en avoir la réparation ! qu'on le dise, et je me tairai ; mais si nous n'en avons point, *les torches et la mâchoire*, les premières armes que notre juste fureur nous peut mettre en main, peuvent être assurément employées légitimement contre ce *Philistin incirconcis* qui nous opprime. Nous trouvons et la même opposition et les mêmes lâchetés que Samson avait à combattre; c'est pourquoi nous avons d'autant plus de besoin de son courage et de sa résolution ; et comme il avoit les hommes de *Juda* ; ainsi nous avons ceux de *Levi*, qui nous crient de leurs chaires comme du haut de la roche *Étam* ; *ne savez-vous pas que le Philistin est votre gouverneur* ! La vérité est, qu'ils voudraient bien que cela fût ainsi, et nous lier avec Samson dans les nouveaux liens ; mais nous espérons qu'ils deviendront comme de la filasse et qu'ils nous tomberont des mains, ou que nous aurons le courage de les couper sur les mêmes fondemens du talion.

4°. *Samuel* fit de sa propre main, justice du *tyran Agag* : Comme ton épée, dit le prophète, a ravi aux femmes leurs enfans, ainsi ta mère sera sans enfans parmi les femmes ; il n'y a point de loi plus naturelle, ni plus juste. A combien de mères notre Agag a-t-il ravi les enfans pour sa propre ambition ! à combien d'enfans a-t-il ravi les pères ! Combien de gens ont-ils cette raison de mettre cet *Amalechite* en pièces *devant le Seigneur* : Et que ceux qui lui appartiennent, et tous ses complices prennent garde, que l'on ne vienne à la fin à se venger sur eux des injures que l'on a souffertes. Ils font beaucoup de femmes veuves, ils ravissent à beaucoup de pères leurs enfans ; à la fin leurs femmes peuvent bien aussi savoir ce que c'est que de n'avoir point de maris; et eux-mêmes ce que c'est de perdre leurs enfans. Qu'ils se souviennent de ce que dit leur grand apôtre *Machiavel* : « *Que dans les contestations que les peuples ont pour la conservation de leur liberté ils usent souvent de modération ; mais après lorsqu'ils viennent à la venger, leurs rigueurs excèdent toute mesure ; de même que les bêtes qui ont été long-temps renfermées, et qu'on laisse échapper après, sont toujours beaucoup plus fières et plus cruelles* ».

5°. Pour conclure avec l'exemple que nous a laissé Jehojada : Il cacha six ans le légitime héritier de la couronne, dans la maison du Seigneur ; et sans nul doute, parmi le reste des services divins : il méditait, pendant tout ce temps-là, la destruction du tyran qui avait aspiré à la couronne, par l'extirpation et la ruine de ceux à qui le droit en appartenait, suivant la loi des Juifs. Jehojada n'avait point d'autre prétexte pour autoriser son action, que l'équité et la justice de l'action même ; il ne prétendait pas avoir eu immédiatement de Dieu un commandement, ni aucune autorité du *Sanedryn*, et c'est pourquoi tout homme pouvait avoir fait ce que fit *Jehojada*, aussi légitimement que lui, s'il l'avait pu faire aussi effectivement qu'il le fit. Mais quel ajournement donna-t-on à *Athaliah* ! quelle apparence y avait-il de l'appeller devant une cour de justice ! son action était son procès, et sa conviction ; elle fut mise hors de cour, sans aucune procédure, et on la laissa seulement vivre jusqu'à ce qu'elle fût hors du temple, de peur que ce saint lieu ne fût pollué par le sang d'un tyran, lequel était plus propre à être répandu sur un fumier ; et ainsi elle fut tuée à la porte d'une écurie, et devant la maison royale, le vrai *Withall*, qu'elle avoit possédée si long-temps avec injustice ; et la providence lui fit recevoir son châtiment dans le même lieu où elle avait commis une si *grande partie de ses crimes. Ce chapitre* nous dit dans le dernier *verset* comment le peuple approuva cette glorieuse action de la destruction d'un tyran. *Et tout le peuple du pays se réjouit, et la ville fut tranquille après que l'on eut fait passer Athaliah par le fer.* Et afin de faire voir qu'ils n'honoraient pas moins les auteurs de ces sortes d'actions, que les autres nations faisaient, ainsi qu'ils avaient obéi à Jehojada, pendant tout le temps de sa vie, comme à un roi ; de même après sa mort, à cause du bien qu'il avait fait en Israël, dit l'écriture, ils l'enterrèrent parmi les rois.

Il ne faut pas que je finisse cette histoire, sans observer que Jehojada commanda que quiconque avait suivi Athaliah, fût mis à mort, nous faisant voir ce que méritent ceux qui sont complices, et qui veulent tenir le parti des tyrans, ou qui font seulement semblant de les défendre et les approuver. Le conseil de S. A. et sa *cohue* et les *Agas* de ses Janissaires, peuvent, s'il leur plaît, s'instruire de ceci, et se repentir, de peur qu'ils ne périssent de même. Les chapelains de S. A. et les examinateurs qui ne doivent admettre dans le ministère, personne qui veuille prêcher avec la liberté l'évangile, peuvent, s'ils le jugent à propos, observer ce qui arriva avec la chute du tyran, à *Mattan* le prêtre de *Baal*: et en vérité, il n'y a que des prêtres de Baal qui veuillent prêcher pour des tyrans ; et très-assurément tous ces prêtres là qui sacrifient à *notre Baal*, *notre idole de magistrat*, méritent aussi bien d'être pendus devant leurs chaires, que mérita jamais *Mattan* de tomber devant son autel.

Je devrais croire maintenant, que j'ai parlé plus qu'il n'était nécessaire sur la seconde question ; et je devrais venir à la troisième et la dernière que j'ai proposée dans ma méthode ; mais je rencontre deux objections en mon chemin. La première, que ces exemples tirés hors de l'écriture, sont d'hommes qui étaient inspirés de Dieu ; et que par conséquent, ils avaient cette vocation, et cette autorité pour leurs actions que nous ne pouvons pas prétendre d'avoir ; de sorte qu'il ne serait pas sûr pour nous, de prendre leurs actions pour les exemples des nôtres, si nous n'avions semblablement leurs justifications à alléguer.

L'autre objection est, que n'y ayant point à présent d'opposition faite au gouvernement de S. A. ; que le peuple continuant sa profession, et son trafic dedans et dehors le royaume, se servant des lois ; et appellant à la haute-cour de justice de S. A. tout cela fait tirer une conséquence que le peuple consent tacitement au gouvernement ; qu'ainsi il doit être censé juste, et l'obéissance du peuple volontaire.

A la première, je réponds avec le docte *Milton*, que si Dieu a commandé ces choses là, c'est un signe qu'elles sont légitimes, et recommandables. Mais en second lieu, ainsi que j'ai remarqué dans le rapport que j'ai fait de ces exemples-là, ni Samson, ni Samuel, n'alléguèrent jamais d'autre cause ou d'autre raison, de ce qu'ils firent, que le talion, et la justice apparente de leurs actions mêmes. Et Dieu n'apparut point à Moïse dans le buisson lorsqu'il tua l'égyptien ; et Jehojada n'allégua point aucune autorité prophétique, ou d'autre vocation pour faire ce qu'il fit, que la vocation commune que tous les hommes ont, de faire toutes les actions de justice qui sont en leur pouvoir ; quand le cours ordinaire de la justice manque.

Ma réponse à la seconde objection est, que si le commerce et les plaidoieries suffisaient pour prouver le consentement des peuples, et donner à la tyrannie le nom de gouvernement, il n'y aurait jamais eu de tyrannie qui eut duré plusieurs semaines dans le monde. Et certes, nous faisons donc un très-grand outrage à *Caligula*, et à *Néron*, en les appellant Tyrans. Et ceux qui conspirèrent contre eux, étaient des rebelles, ou bien nous croirons, que pendant tout le temps qu'ils régnèrent, toutes les boutiques furent fermées dans Rome, et qu'ils n'ouvrirent jamais ni leurs temples ni leurs cours de justice ; ce ne sera pas encore avec moins d'absurdité, que nous imaginerons, que pendant tout le temps des dix-huit années qu'*Israël* servait *Eglon*, et les six années que regna *Ataliah*, les Israélites cessèrent absolument tout leur trafic, et toutes les actions publiques ; ou bien qu'autrement *Ehud* et *Jehojada* furent tous deux traîtres, l'un pour avoir tué son roi, et l'autre pour avoir tué sa reine.

---

### Trosième Question.

*Est-il expédient à la république de se défaire du tyran ? — Résolution. — Qu'est-ce qu'une république régie par un tyran ? — Effets funestes qui en résultent infailliblement pour l'esprit public. — Preuve frappante de ce que l'on voit déjà arriver dans la république anglaise. — Portrait de la noblesse, du clergé, de la commune, du corps législatif, de l'armée, du peuple en général. — A quoi il faut s'attendre sous quelque espèce de tyran que ce soit. — Considérations importantes, particulières à l'armée de la république.*

Ayant montré ce que c'est qu'un tyran, ses caractères et ses maximes; j'ai peine à me persuader de dire quelque chose pour ma troisième question. Savoir, s'il est vraisemblable qu'il soit avantageux ou non à la république de s'en défaire. Car je pense que c'est demander, s'il vaut mieux que *l'homme meure*, ou que *l'apostume soit percée*, et que le *membre gâté de la gangrène soit coupé*! Il y en a toutefois quelques-uns à qui leur propre poltronnerie et leur avarice fournit des argumens pour soutenir le contraire, et ils voudraient bien faire croire au peuple, que d'être vil et lâche, c'est être fin et prudent; et ce qui est véritablent *une crainte servile*, ils l'appellent faussement une *patience chrétienne*. C'est pourquoi, ce ne sera point une faute, de montrer qu'il y a en effet une nécessité telle que nous croyons, qu'elle est de sauver *la vigne de la communauté, en exterminant, s'il est possible, le sanglier sauvage qui est entré* dedans, *pour la ruiner*. Nous avons déjà fait voir que c'est une chose légitime, nous verrons maintenant s'il est expédient.

1°. Je vous ai déjà dit que d'être sous un tyran, n'est pas ce qui doit être appelé république, mais une grande famille composée d'un maître et d'esclaves : *Vir bone, servorum nulla est unquam civitas*, dit un ancien poëte, *un nombre d'esclaves ne compose pas une cité*; de sorte que tandis que ce monstre vit, nous ne sommes pas les membres d'une république; mais seulement ses vivans instrumens, et ses outils qu'il emploie à tel usage qu'il lui plait. *Servi tua est fortuna, ratio ad te nihil*, dit un autre : *ta condition est celle d'un esclave, tu n'as point à demander de* raison; et nous ne devons pas nous imaginer que nous puissions long-temps continuer à vivre dans cette condition d'esclaves, et ne pas dégénérer dans les habitudes et dans le tempérament qui est propre et naturel à cette condition ; nos ames s'aviliront aussi bien que notre fortune, et par l'habitude que nous aurons de vivre comme des esclaves, nous deviendrons mal propres à toute autre chose qu'à la servitude: *Etiam fera animalia, si clausa teneas, virtutis obliviscuntur*, dit Tacite, *les bêtes les plus fières, perdent leur courage par une longue contrainte*. Et le chevalier français *Baron* dit, que la *bénédiction d'Isaac* et celle *de Juda*, ne tombe point sur un peuple, qui plie comme des ânes sous le faix, et qui ait en même-temps le cœur de lion. Et ce n'est pas une merveille, si avec son courage, il perd sa fortune, comme l'effet avec sa cause ; et s'il fait autant d'ignominies et de bassesses dehors, qu'il en souffre dedans le pays. C'est une observation de *Machiavel*, que les armées romaines qui furent toujours victorieuses sous *la liberté*, ne prospérèrent jamais pendant tout le temps qu'elles furent soumises à l'esclavage du *décemvirat*. Et certainement, les peuples ont raison de ne combattre que faiblement, quand ils ne gagnent des victoires que contre eux-mêmes ; quand chaque succès doit être la confirmation de leur servitude, et un nouvel anneau de leur chaîne.

2°. Mais nous ne perdrons pas seulement notre courage, qui sous un tyran, est une vertu oisive et peu sûre ; mais à l'exemple de notre maître, nous deviendrons par degrés : perfides, trompeurs, irréligieux, flatteurs, et tout ce qu'il y a de vilain et d'infame dans la nature humaine. Voyons où nous sommes déjà arrivés par degrés. Peut-on trouver quelque serment si bien fortifié par tous les liens de la religion, que nous ne trouvions aisément quelque distinction pour le rompre, lorsque le danger ou le profit nous persuade de le faire. Nous ressouvenons-nous de nul de nos engagemens, ou si nous nous en ressouvenons, avons-nous quelque honte de les rompre ! y a-t-il un homme qui puisse songer avec patience à ce que nous avions protesté de faire ; quand il voit ce que nous faisons avec tant d'inhumanité, et ce que nous souffrons avec tant de bassesse.

Qu'avons-nous de *noblesse* parmi nous que le *nom*, le *luxe* et le *vice* ; ces pauvres misérables qui portent maintenant ce titre, sont si loin de posséder quelqu'une des vertus qui les en pourrait gratifier, ou leur donner en effet cette qualité, qu'ils n'en ont pas même les vices généreux ; afin d'entreprendre quelque chose de grand, ils ont perdu toute ambition et toute indignation.

Quant à nos *ministres des cultes*, qu'ont-ils désiré, ou que desirent-ils de leurs vocations, sinon des *dîmes* ! Comment est-ce que ces horribles prévaricateurs cherchent des distinctions pour r'ajuster des sermens ! Comment est-ce qu'ils écorchent leurs écritures pour trouver des flatteries, et les appliquer impudemment à S. A!

Qu'est-ce que la *cité*, sinon une grande lâche bête, qui mange et qui porte, et qui ne se soucie point de qui elle soit montée ?

Quelle chose est-ce, ce que l'on appelle *parlement*, sinon *une raillerie* composée seulement de gens, à qui l'on permet d'y avoir séance; à cause que l'on sait qu'ils n'ont point de vertu; après l'exclusion de tous les autres, qui étaient soupçonnés d'en avoir quelqu'une ? Que sont-ils autres choses que les *maquereaux de la tyrannie*, qui sont employés tous les jours, pour persuader au peuple de prostituer sa liberté ?

Pour qui et contre qui veut maintenant combattre l'*armée* ? que sont les *soldats*, sinon des Janissaires, et des esclaves eux-mêmes, faisant les autres esclaves aussi bien qu'eux ?

Que sont les *peuples* en général, sinon des fripons, des fous, et des poltrons, initiés à l'oisiveté, au vice et à l'esclavage ?

Tel est notre tempérament, et c'est où la tyrannie nous a déja porté; et si elle continue, le peu de vertu qui reste pour la propagation de la nation, sera totalement éteinte, et S. A. alors, aura achevé son *ouvrage de la réformation*. Il est vrai, que jusques à ce que S. A. puisse être en sureté, il ne faut pas qu'il souffre la vertu; car la vertu ne le souffrira point. *Il faut, dit Machiavel, que celui qui veut maintenir la tyrannie, tue Brutus. Un tyran, dit Platon, doit exterminer toutes les personnes de vertu, où il ne peut être en sureté;* tellement qu'il est réduit à cette malheureuse nécessité, ou de vivre parmi des lâches, et des infames, ou de ne vivre point du tout.

3°. Et nous ne devons point attendre aucun remède de notre patience : *Ingannano sigli huomini*, dit Machiavel, *credendo con la humiltà, vincere la superbia ; les hommes se trompent, s'ils pensent de fléchir l'arrogance avec l'humilité.* Un tyran n'est jamais modeste, que lorsqu'il est foible ; c'est dans l'hiver de sa fortune que ce serpent ne mord point : c'est pourquoi nous ne devons pas permettre que l'on nous trompe par les espérances de son amendement. Car, *nemo unquam imperium flagitio quæsitum bonis artibus exercuit*, nul n'a jamais gouverné avec justice un empire qu'il avait acquis avec méchanceté ; plus un tyran vit, et plus l'humeur tyrannique s'augmente en lui, dit Platon ; semblable à ces bêtes qui deviennent méchantes à mesure qu'elles vieillissent, il arrive tous les jours de nouvelles occasions qui le nécessitent de faire de nouvelles méchancetés, et il faut qu'il défende une infamie par une autre infamie.

4°. Mais, supposé le contraire de tout ceci, et que le protecteur, *vi dominationis conversus et mutatus*, fût devenu meilleur par sa grande fortune, de quoi il ne donne point encore de marques, y aurait-il toutefois quelque chose de plus misérable, que de n'avoir point d'autre sureté pour notre liberté, ni d'autre loi pour notre salut, que la volonté d'un homme, quand ce serait même le plus juste des vivans ! Nous avons dans nous notre *animal*, et quiconque, dit *Aristote*, est gouverné par un homme qui n'a point de loi, il est gouverné par un homme, et par une bête. *Etiamsi non sit molestus dominus, tamen est miserrimum, posse, si velit,* dit *Cicéron*, bien qu'un maître ne soit pas tyran, c'est toutefois une très-misérable chose de ce qu'il est en son pouvoir de l'être, s'il le veut. S'il est bon, aussi le fut *Néron* pendant cinq ans ; et quelle assurance avons-nous qu'il ne change point !

5°. De plus nous pouvons nous assurer, qu'un méchant homme prendra, et usurpera le pouvoir que l'on accordera à un homme de bien, et c'est pourquoi ç'a été la coutume des bons princes, de diminuer leur propre pouvoir, non pas qu'ils se défiassent d'eux-mêmes, mais parce qu'ils craignaient leurs successeurs ; et que sur l'incertitude de leur probité et de leur vertu, ils ne voulaient pas mettre au hasard le salut de leurs peuples. *Un pouvoir qui n'est point borné, ne doit point être confié à personne, parce qu'ordinairement, s'il ne trouve un tyran, il le fait ;* et si un homme en use modestement, ce n'est pas une conséquence que les autres en feront de même ; Et c'est pourquoi *Auguste César* ne voulait pas qu'on lui donnât un pouvoir plus grand que celui qu'il voulait que *Tibère* prît après sa mort ; et la modération de *Cicéron* fut telle, qu'il voulut que l'on n'eût de la confiance en lui qu'avec réserve, d'autant, disait-il, que d'autres doivent être *consuls* aussi bien que je le suis. Mais

Mais devant que je presse davantage cette affaire, si elle a besoin de l'être, afin que nous fassions nos efforts pour recouvrer l'honneur, la vertu et la liberté de notre nation, je répondrai à quelque peu d'objections qui se sont présentées, et j'y répondrai en peu de mots.

Je trouve quelques-uns d'une si étrange opinion, qu'ils croient que ce serait une noble et généreuse action de *tuer S. A. en campagne*; mais de le faire en secret, ils pensent que c'est une chose illégitime; mais je ne sais pas pourquoi; comme si ce n'était pas une action généreuse de se saisir d'un voleur, jusqu'à ce qu'il eût tiré son épée, et qu'il se fût mis en garde pour se défendre et pour me tuer. Mais ces gens-là ne considèrent pas, que quiconque est quelque temps en possession de l'autorité et du pouvoir, engage assurément autant qu'il peut de gens dans le crime, ou dans le profit, ou dans tous les deux ensemble; de sorte que de prétendre de l'arracher du trône à force ouverte, c'est trop hasarder la totale ruine de la république. *Les tyrans sont des diables, qui déchirent le corps du possédé, lorsqu'on l'exorcise*; ils sont tous du tempérament et de l'humeur de *Caligula*: Car s'ils pouvaient, ils voudraient que toute la nature pérît avec eux. C'est une opinion qui ne mérite point d'autre réfutation que sa pure et manifeste absurdité, de croire qu'il me soit légitime de détruire un tyran avec hasard et confusion, et aux dépens de mon sang, et que sans cela, il ne me soit pas permis de le faire.

D

L'autre objection qui est plus commune, c'est la crainte de ce qui arriverait, *si l'on s'était défait de S. A.* : ne dirait-on pas que le monde serait ensorcelé ! Je suis tombé dans un fossé, dans lequel je périrai très-assurément si j'y demeure ; je refuse toutefois le secours que l'on me veut donner pour m'en retirer, de crainte de tomber dans un autre. Je souffre une misère véritable, de peur d'une autre qui est incertaine, et je souffre que le mal me tue, à cause qu'il y a du danger dans le remède. N'est-ce pas une politique ridicule, *ne moriare mori*, mourir de peur de mourir ; c'est assurément une frénésie de ne désirer point un changement ; quand nous sommes assurés qu'il ne peut être pire. *Et non incurrere in pericula, ubi quiescenti paria metuuntur*, et de ne point hasarder, lorsque l'on trouve dans le repos le même danger et les mêmes calamités.

Jusqu'ici, j'ai parlé en général à tous les Anglais ; maintenant j'adresse mon discours particulièrement à ceux qui méritent avec plus de raison ce nom là ; à nous-mêmes, qui avons combattu, quoique malheureusement pour nos libertés sous un tyran, et qui ayant été à la fin trompés par ses sermens et par ses larmes, n'avons rien gagné que notre servitude au prix de notre sang ; c'est à nous particulièrement qu'il appartient de livrer ce monstre à la justice, nous qu'il a faits les instrumens de sa méchanceté, et participans de la malédiction et de l'abomination qui lui est dûe par tous les gens de bien ; les autres ont seulement leur liberté à venger ; mais nous, nous avons à venger et notre liberté, et notre honneur. Nous nous sommes engagés aux peuples avec lui, et pour lui ; et c'est de nos mains qu'ils attendent avec raison une satisfaction du punissement, vu qu'ils ne peuvent autrement en avoir l'accomplissement ; ce que les peuples endurent à présent, et ce que la postérité souffrira, nous sera éternellement imputé. Car c'est nous seulement après Dieu, qui avons le pouvoir d'abattre ce *dragon* du lieu où nous l'avons élevé ; et si nous ne le faisons, tout le monde croira que nous approuvons toutes les méchancetés qu'il a faites, et que nous serons les auteurs de toutes celles qu'il fera. Nous qui n'avons pu souffrir un roi qui s'éloignait tant soit peu des bornes de l'autorité, souffrirons-nous un tyran déclaré ! Nous qui avons résisté au *lion* qui nous attaquait, nous soumettrons-nous au *loup* qui nous dévore ! Si l'on ne pouvait trouver de remède, nous aurions grande raison de nous écrier : *Utinam te potius* (Carole) *retinuissemus, quàm hunc habuissemus ; non quod ulla sit optanda servitus, sed quod de dignitate Domini, minus turpis est conditio servi.* Nous voudrions bien, ô Charles, vous avoir souffert plutôt que d'avoir été condamnés à ce vil tyran, non pas que nous sauhaitions nulle sorte d'esclavage ; mais parce que la qualité du maître adoucit et soulage en quelque façon, la condition de l'esclave. Mais si nous considérons bien ce que notre devoir, nos engagemens, et notre honneur exigent de nous, nous trouverons que notre sureté et notre intérêt nous y obligent; et nous ne pouvons en nulle manière répondre, ni à la discrétion, ni à la vertu de la vie de ce vipère.

Car premièrement, il sait fort bien que nous sommes les seuls qui lui pouvons nuire; et pour cette raison, il s'assurera de nous par toutes sortes de moyens. Il sait en conscience, avec combien de fausseté et de perfidie il a agi avec nous; et c'est pourquoi, il craindra toujours que nous n'en prenions la vengeance, qu'il sait qu'il a si bien méritée.

Enfin il connaît nos principes, et combien ils sont directement contraires à ce pouvoir arbitraire, et indépendant avec lequel il faut qu'il gouverne : Et c'est pourquoi il peut raisonnablement soupçonner, que nous qui avons déjà hasardé nos vies contre la tyrannie, aurons toujours la volonté de faire la même chose contre lui, lorsque nous en aurons la commodité.

Ces considérations lui persuaderont aisément, de s'assurer de nous, si nous ne le prévenons point, et que nous ne nous assurions pas de lui. Il lit dans sa *pratique de piété*; *chi divienne patrön*, etc.; *Quiconque se rend maître d'une cité, qui est accoutumée à la liberté, il faut qu'il s'attende à être détruit par la liberté, si lui-même il ne la détruit*; et nous pouvons lire dans le même auteur, et le croire, que ceux-là, qui ont aidé à quelqu'un à devenir puissant, sont toujours ruinés par lui-même, s'ils manquent d'esprit et de courage pour se mettre en sureté.

Maintenant, quant à notre intérêt, nous ne devons point attendre qu'il se fie jamais à ceux qu'il a offensés, et qu'il craint. Très-assurément il nous tiendra bas, de crainte que nous ne l'abattions. C'est la règle que les tyrans observent, lorsqu'ils ont le pouvoir, *de ne se servir jamais de ceux qui ont aidé à l'acquérir;* et c'est certes leur intérêt et leur sureté, de se faire. Car ceux qui ont été les auteurs de la grandeur des tyrans, sachant quel est leur propre mérite, ils sont plus hardis avec eux, et moins industrieux à leur plaire. Ils pensent que tout ce que le tyran fait pour eux, leur est dû; et ils en attendent encore davantage. Et quand ils se trompent dans leurs espérances, comme il est impossible de les contenter, leur abus les rend mal-contens, et leur mécontentement les rend dangereux. C'est pourquoi tous les tyrans suivent l'exemple de *Denis*, qui se servait, dit-on, de ses amis comme de ses flacons, quand il en avait besoin, il les tenait auprès de lui; mais lorsqu'il n'en avait plus affaire, de peur qu'ils ne pussent l'empêcher, et qu'ils ne se trouvassent en son chemin, il les pendait.

## Conclusion.

*Exhortation aux républicains opprimés. — Espoir fondé qui leur reste. — Ligue secrète de braves, conjurés contre le tyran. Terreur et remords dont il est sans cesse bourrelé. — Prédiction de sa chute prochaine et infaillible.*

Pour conclure cet écrit qui est déja trop long; que chaque homme à qui Dieu a donné l'esprit de sagesse et de courage, se laisse persuader, par son honneur, sa sureté, son propre bien, et celui de son pays, et certes parce qu'il doit à sa postérité, et à tout le genre humain, à faire tous ses efforts pour délivrer le monde de cette peste ; par toutes sortes de moyens raisonnables : que les autres nations n'aient point l'occasion d'avoir des pensées si basses de nous, que de croire que nous soyons résolus de demeurer paisibles et d'avoir les oreilles percées, ou que nul abus ou nulle lacheté nous puisse jamais faire abandonner le dessein de devenir libres, jusqu'à ce que nous ayons recouvré notre liberté, ou *par la mort de ce monstre*, ou par la *notre propre*. Notre nation n'est pas encore si stérile de vertu, que nous manquions parmi nous de nobles exemples dignes d'être suivis ; le brave *Sindercombe* a fait paraître une ame aussi grande, qu'aucune dont l'ancienne Rome se puisse vanter ; et s'il y avait vécu, son nom serait enregistré avec ceux de *Brutus* et de

*Caton* ; et il aurait eu des statues aussi bien qu'eux.

Mais je ne veux pas avoir si mauvaise opinion de nous-mêmes, pour peu de générosité que la servitude nous ait laissé, que de penser, qu'une si grande vertu manque parmi nous, des monumens qui lui sont dûs. Il y a dans l'ame de chaque homme vertueux, des statues élevées à *Sindercombe* : toutes les fois que nous lisons les éloges de ceux qui sont morts pour leur patrie ; quand nous admirons ces grands exemples de magnanimité qui ont lassé la cruauté des tyrans ; quand nous louons la constance de ceux à qui, ni les présens, ni les terreurs n'ont pu faire trahir leurs amis ; c'est alors que nous élevons des statues à *Sindercombe*, et que nous lui gravons de monumens ; et nous pouvons avec justice lui faire un épitaphe de tout ce que l'on peut dire d'une ame grande et noble. Et quoique le tyran l'ait fait étouffer, de peur que les peuples n'empêchassent un meurtre public, il ne sera pourtant jamais capable d'en étouffer la mémoire, non plus que celle de sa propre méchanceté ; son opinion ne fut qu'un pauvre et commun artifice, pour imposer à ceux-là seulement, qui n'entendent pas la manière d'agir des tyrans, et qui n'ont point, si toutefois il y en a quelques-uns qui ne l'aient pas, la connaissance de ses cruautés, et de ses fourberies ; il peut pour cela, s'il lui plaît, arracher le pal du tombeau de *Sindercombe*, et s'il a envie que le peuple sache comment il est mort, qu'il lui envoie les oreillers et le lit de plume, avec lesquels *Backstead* et son bourreau l'ont étouffé.

Mais pour conclure, que ce monstre ne pense pas être plus en sureté pour avoir étouffé ce grand esprit ; qu'il sache que, *Longus post illum sequitur ordo idem petentium decus* ; Il y a encore ici une grande liste, voire même de ceux-là qui sont enrôlés dans ses troupes, qui ont l'ambition de mériter le nom de libérateurs de leur patrie ; et ils savent par quelle action on le peut acquérir. Son lit n'est point sûr, sa table n'est point sûre, et il a besoin d'autres gardes, pour le défendre contre les siens propres ; la mort et la destruction le poursuivent en quelque part qu'il aille ; elles le suivent en tous lieux, comme ses compagnons de voyage, et à la fin elles sauteront sur lui, comme des ennemis armés ; l'obscurité et les ténèbres sont cachées dans les plus secrettes places de son cœur, un feu secret le consumera, et il en prendra mal à celui qui demeurera dans son tabernacle ; il évitera les armes de fer, et une flèche d'acier le percera ; parce qu'il a opprimé, et abandonné le pauvre, parce qu'il a pris avec violence une maison qu'il n'avait pas bâtie : nous pouvons nous assurer, et lui aussi, que devant qu'il soit peu, tout ceci sera accompli ; car le triomphe des méchans n'est que fort court, et la joie de l'hypocrite ne dure qu'un moment ; bien que son excellence monte jusqu'aux cieux, et que sa tête touche jusqu'aux nues, il périra pourtant comme sa propre ordure . . . . . . . . . . . .

Et ceux qui l'auront vu, diront : Où est-il !

# LE CODE
## DES TYRANNICIDES,
*Adressé à tous les Peuples opprimés.*

EN DEUX PARTIES.

## TABLE.

AVIS *des éditeurs.* — *Leurs motifs.* — *Leur but de faire contraster le* Brutus anglais, *avec le* Brutus français. pag. 3-4

### PREMIERE PARTIE.

Le Brutus français, *ou recueil de quelques passages tirés d'un ouvrage nouveau qui circule librement en France.* 5

N°. I<sup>er</sup>. *Tyrannie des rois de France.* — *Leur expulsion.* — *Perspective affreuse d'une contre-révolution.* 5-7

N°. II. *La tyrannie comme la liberté gît dans la chose plus que dans le nom.* 7

N°. III. *Nécessité de l'esprit public dans tout état libre.* — *Sa chute.* — *Signe infaillible des desseins criminels des gouvernans.* 8-9

N°. IV. *Tyrannie par-tout où il y a irresponsabilité de fonctionnaires publics.* 9

N°. V. *Constitution de l'an 8, comparée*

à celle de l'an 3, bien plus vicieuse encore. 10

N°. VI. *Examen critique de cette constitution, et du mode d'élection par le sénat et par le consulat. — Effets qui doivent en résulter. — Ruse machiavélique du grand-prêtre qui a inventé cette organisation.* 26

N°. VII. *Droit d'élection essentiellement appartenant au peuple. — Usurpation criminelle de sa souveraineté. — Contradiction frappante entre les maximes et la conduite des individus intrus dans le sénat, le tribunat et le corps législatif. — Leur plus pressant devoir.* 14-15

N°. VIII. *Grandes vérités et conseils républicains au premier consul. — Ses devoirs sacrés. — Ses vrais intérêts. — Prédictions éventuelles.* 15-17

N°. IX. *Tentative d'un moderne Antoine. — Peine qu'il a méritée.* 17

N°. X. *Légitimité de l'insurrection de la minorité d'un peuple opprimé. — Preuve.* 17-18

N° XI. *Droit et devoir de se défaire des tyrans, sans observer aucune formalité, et par tous les moyens possibles. — Lutte de la liberté avec le despotisme, générale en Europe. — Invocation à Brutus.* 18-20

SECONDE PARTIE.

Le Brutus anglais, ou *Traité politique*,

par William-Allen, anglais, sur le droit et le devoir de se défaire des tyrans, sans nulle formalité ; nouvelle édition, 21

Avis de l'Imprimeur de l'ancienne édition, de 1658, 22

Lettre satyrique de l'auteur au grand Protecteur de la république anglaise, en lui envoyant cet ouvrage, 23-25

Adresse dédicatoire aux officiers et soldats de l'armée de la république, pour les rappeller à leur devoir, de délivrer sur-le-champ, la patrie, du tyran qui l'opprime, 26-28

Introduction du Traité. — Motifs et but de l'auteur. — Plan de l'ouvrage, divisé en trois questions, 29-32

PREMIÈRE QUESTION.

Le grand protecteur est-il un tyran, ou non ? — Définition de la tyrannie. — Tout gouvernement pour être légitime, doit être fondé, ou sur un ordre exprès de Dieu, ou sur l'autorité et le consentement du peuple. — Application de ce principe — Signes caractéristiques de la tyrannie, suivant les plus grands politiques. — Portrait d'un tyran, d'après nature. 33-44

DEUXIÈME QUESTION.

Est-il permis de faire justice d'un tyran, sans nulle formalité ; c'est-à-dire, de le tuer ? — Résolution. — Le tyran en se mettant au-dessus des lois, se met lui-même hors la loi. — *Preuves tirées de la raison et de la loi naturelle.— Autorités multipliées des plus grands politiques.— Exemples des peuples les plus célèbres de l'antiquité, à l'appui de cette opinion. — Autorités et exemples tirés de la loi sacrée et de l'histoire ancienne des juifs. — Objections et réponses.*   44-66

### Trosième Question.

*Est-il expédient à la république de se défaire du tyran ? — Résolution. — Qu'est-ce qu'une république régie par un tyran ? — Effets funestes qui en résultent infailliblement pour l'esprit public. — Preuve frappante de ce que l'on voit déjà arriver dans la république anglaise. — Portrait de la noblesse, du clergé, de la commune, du corps législatif, de l'armée, du peuple en général. — A quoi il faut s'attendre sous quelque espèce de tyran que ce soit. — Considérations importantes, particulières à l'armée de la république.*   66-77

### Conclusion.

*Exhortation aux républicains opprimés. — Espoir fondé qui leur reste. — Ligue secrète de braves, conjurés contre le tyran. — Terreur et remords dont il est sans cesse bourrelé. — Prédiction de sa chute prochaine et infaillible.*   78

## FIN.

www.ingramcontent.com/pod-product-compliance
Lightning Source LLC
LaVergne TN
LVHW050615090426
835512LV00008B/1504